R 21569

Paris
1666

Casa, Giovanni della (De La Case)

Galatée, ou l'art de plaire dans la conversation...

R+2984

GALATÉE
OV L'ART
DE
PLAIRE
DANS LA
CONVERSATION.
DE
Monsieur de la CASE *Archeuesque de Beneuens.*

Traduction nouuelle

À PARIS,
En la boutique de Langelier,
Chez RENE' GVIGNARD, au Palais,
au premier pilier de la grand' Salle,
au Sacrifice d'Abel.
M. DC. LXVI.
Auec Priuilege du Roy.

A
MONSEIGNEVR
DE
NESMOND,
CONSEILLER DV
Roy en ses Conseils
Euesque de Bayeux.

ONSEIGNEVR,

Ie vous presente vn
Estranger auquel ie ne

fers que d'interprete :
Quoy qu'il fasse profession d'enseigner l'Art de plaire, il soûmet neantmoins tous ses preceptes à vostre jugement. Il sçait que la ciuilité, la politesse, & l'honneur ont tousiours esté le caractere de vôtre maison : vous le charmez par cet air noble ; si proportionné au rang que vôtre naissance vous donne dans le monde, & à celuy que vostre di-

gnité vous donne dans
l'Eglise; il admire cette
douceur égalemēt éloi-
gnée de l'affectation de
ces gens qui prodiguent
indifferemment des ca-
resses trompeuses, &
de la seuerité de ces chagrins, qui ne peuuent
faire bon visage à per-
sonne ; enfin il trouue
en vous cet honneste
homme dont il n'a fait
qu'vne foible image.
Je puis vous asseurer,
MONSEIGNEVR, que

cet étranger a eu beaucoup de reputation, non seulemēt dans son païs, mais encore chez les nations voisines. Dans le dernier siecle son nom estoit desia connu chez les François, & chez les Espagnols: & mesmes on l'a jugé si vtile, qu'afin qu'il pût porter ses instructions chez les Nations les plus éloignées, on l'a fait parler le lāgage de la vieille Rome. Il a sujet d'esperer que la France estant maintenant plus polie qu'elle n'estoit alors luy fera encore plus d'accueil. Tout ce qui peut luy donner de la crainte est qu'il fait vne profession dangereuse, il enseigne, il reprend, il critique. Nostre Nation n'ayme gueres les preceptes, & haït beaucoup la censure. Il est vray que sa critique est sans aigreur, que ses instru-

EPISTRE.
ctions ne sentent point
l'Escole, & qu'il oste
aux preceptes ie ne sçay
quelle amertume qui
en est quasi inseparable.
Mesme ie puis dire que
si ie ne luy auois pas
osté vne partie des grâ-
ces qui luy estoient na-
turelles, il n'auroit pas
esté vn mauuais exem-
ple de l'Art de Plaire
qu'il veut enseigner.
Mais il faut vous
auoüer, MONSEI-
GNEVR, que ie n'ay

peu habiller le Galatée à la Françoise, sans le déguiser beaucoup. Monsieur de la Case luy auoit donné vn air si agreable, l'auoit fait parler auec tant de pureté & de delicatesse, qu'il est impossible de le faire paroistre dans vn autre païs, & auec d'autres ornemens, sans luy faire perdre vne partie de sa grace: Mais ie luy auray bien plus rendu

EPISTRE.

que ie ne luy ay oſté, ſi ie luy puis procurer l'honneur de voſtre protection. Il ſera aſſuré de l'eſtime du public, & de celle de la poſterité, s'il peut auoir quelque part dans la voſtre. Et moy ie me tiendray tres heureux, ſi ie puis vous témoigner auec combien de reſpect ie ſuis,

MONSEIGNEVR,

Voſtre tres-humble & tres-
obeïſſant ſeruiteur,
Dv Hamel.

PREFACE
AV LECTEVR.

DANS le dessein que i'ay de vous donner les traductions du Galatée, & du parfait Courtisan, deux Liures Italiens fort vtiles à ceux qui veulent voir le monde, i'ay crû que ie deuois commencer par le Galatée, qui

PREFACE
contient les premiers
elemés de la vie ciuile.
Dás cet ouurage, Monsieur de la Cafe, fous la
perfonne d'vn vieillard
fans lettres, inftruit vn
ieune enfant des habitudes & des manieres
d'agir qu'il doit fuiure,
& de celles qu'il doit
euiter, & le conduit
iufques à ce qu'il l'ait
rendu capable de conuerfer parmy le monde. Baltafar dans fon
parfait Courtifan, préd
à la porte du Louure vn

AV LECTEVR.

Caualier qui veut s'embarquer à la Cour, il luy en monſtre les diuers détours, luy ſert de pilote, & le conduit ſur vne mer ſi pleine d'écueils & de tempeſtes: Dans ces derniers ſiecles il en a conduit quelques-vns aſſez heureuſement. Ie me reſerue à vous parler de Baltaſar, quand ie vous donneray ſon Courtiſan, & ie croy eſtre à cette heure obligé de vous dire en peu de mots qui estoit Monsieur de la Case : Car son Liure estant plein d'instructions necessaires pour la vie ciuile, vo' auriés sujet de vous deffier de ses preceptes, s'ils vous venoient d'vn inconnu, ou d'vn solitaire qui voudroit vous apprendre à viure parmy le monde. Monsieur de la Case estoit né Florentin, d'vne maison illustre, il a eu plusieurs employs à la Cour de Rome, où il a

AV LECTEVR.

passé la pluspart de ses iours, il estoit Archeuesque de Beneuent. Voicy le témoignage que Monsieur de Thou en a rendu dans son histoire. *Etiam de Claudio Espenceo Parisiensi Theologo, & Ioanne Casa, qui Pontifici ab Epistolis erat, in Cardinalium Collegium cooptandis tunc actum. Vtrumque commendabat generis nobilitas, & doctrina, quamuis diuersa: Nam alter Theologicis studiis innutritus in professione* 1555.

sua consenuerat; *Alter eloquentiâ atq; eleganter Etruscè ac Latinè scribendi peritiâ vel cum antiquis comparandus, magna negotia sub Pontificibus summâ solertia gesserat.*

Dans ce temps on parla de donner le Chappeau de Cardinal à Claude d'Espence Docteur de Paris, & à Iean de la Case Secretaire du Pape. Tous deux estoient recommandables & par leur naissance, & par leur

AV LECTEVR.
doctrine, quoy que leurs applications eussent esté fort differentes: Car l'vn ayant toûjours esté nourry dans l'étude de Theologie, auoit vieilly dans sa profession; L'autre s'étant appliqué à l'eloquence, écriuoit Latin & Toscan, auec tant de pureté, qu'il est comparable aux anciens. D'ailleurs, il s'estoit acquité auec vne merueilleuse addresse de plusieurs grandes affaires qu'il

PREFACE
auoit maniées sous di-
uers Papes. On ne peut
pas nier qu'il n'ait eu
quelque passion pour
le Cardinalat, puis que
luy-mesme s'en est ex-
pliqué assez nettement
dans ces vers :

Di là doue pot ostre, & pompa, & oro
Fra genti inermi hà perigliosa guerra
Fuggo io medico, & solo d' quella esca
Ch' i bramai tanto, satio, à queste querce
Ricorro, vago homai di miglior cibo
Per auer posa almen questi ultimi anni.

La pouvois autrefois pour moy beaucoup
 d'attraits,
Et i'aimois cet honneur si plein d'inquie-
 tude :
Mais mon cœur s'abandonne à de plus
 doux souhaits,
Sur la fin de mes ans, i'ayme la solitude.

AV LECTEVR.

J'euite ces endroits, où des gens desarmez,
Et qui n'ont pour objet de toutes leurs fa-
tigues,
Que le pompeux éclat, dont leurs yeux
sont charmez,
Se combattent l'vn l'autre, auecque mille
intrigues.

Dans vn autre endroit il dit encore.

Tâtost la pourpre a fait tous mes desirs,
Tâtost les boissons fait tous mes plaisirs:
Ainsi s'en fait couler la pluspart de ma vie.

Hor pépa & oltro, & hors fôtan a', & elo
Cercàdo, à vestro adusta bè la mia vioa.

Ses ennemis l'empescherent d'estre éleué à cette dignité, sous pretexte qu'estant ieune il auoit fait quelques vers vn peu trop libres.

Quoy qu'il en soit, il est tousiours constant que ses oüurages ont eu l'estime de toutes les personnes de lettres: Mesme vn des plus illustres & des plus doctes de nostre siecle a bien voulu se donner la peine de les faire imprimer auec des nottes fort sçauantes, & fort curieuses, & les diuerses traductions du Galatée, font assez juger qu'il a esté bien receu chez differentes Na-

Monsieur l'Abbé Menage.

AV LECTEVR.

tions. En effet, il a esté traduit en Latin, en Espagnol, & mesmes en François : Mais nostre Langue ayant beaucoup changé, cette traduction, qui est ancienne est deuenuë obscure en plusieurs endroits. C'est pourquoy i'ay crû que celle que ie vous donne ne seroit pas inutile, & qu'on seroit bien aise de voir en nostre Langue des preceptes, qui ne peuuent estre mauuais, nous ayant esté donnez par vn si grand homme.

Ie sçay que la science du monde ne s'appréd pas dans les Liures, & que pour se rendre agreable les preceptes ne suffisent pas : ie sçay qu'vn hóme n'est pas bon peintre pour connoistre toutes les proportions, & toutes les couleurs; qu'il n'est ni bon Musicien, ni bon joüeur de lut pour connoistre les tons, les nottes, les accords, &

AV LECTEVR.
les mesures. Toutes ces choses dépendant de l'vsage, il faut non seulement sçauoir les regles, il faut encore de l'exercice pour acquerir la facilité de les pratiquer, & c'est en quoy consiste tout l'agrémét: Ainsi quand vn homme sçauroit toutes les regles du Galatée, du Courtisan, & de l'honneste homme de Monsieur Faret, s'il n'auoit aucun commerce auec le monde, toutes ces

regles luy seroient inutiles, non seulement parce qu'il n'en auroit pas besoin, mais aussi parce que n'en ayant fait aucun vsage, il n'auroit pas acquis la facilité de s'en seruir. Elles ne luy osteroient point vn certain air contraint & embarassé, vn air de campagne, ou de cabinet, qu'ont ceux qui viuent dans la solitude, & qui ne voyent personne. Mais il est certain que ces regles peuuent

AV LECTEVR.

uent estre d'vne grande vtilité à ceux qui les mélét auec l'vsage, puis qu'vne heure de lecture leur peut plus seruir que les reflexions qu'ils feroient sur dix années d'experiéce. D'ailleurs, il y a des fautes qui sont si grandes qu'il est dangereux de ne les connoistre qu'aprés qu'elles sont faites; car vne seule peut perdre vn homme, & le faire passer pour ridicule le reste de ses iours. Ainsi l'on peut dire que si

PREFACE

l'vſage eſt neceſſaire aux preceptes, les preceptes ne ſont pas invtiles à l'vſage.

Peut-eſtre ne trouuerez-vous pas dans Galatée tout l'ordre que vous pourriez ſouhaiter. Il ſemble que dans le commencement de ce Traité, Monſieur de la Caſe ait voulu donner de certaines inſtructions baſſes & püeriles, qu'enſuite il ſe ſoit éleué peu à peu, qu'il ait voulu parler des cho-

AV LECTEVR.
ses plus hautes, & que sur la fin de son ouurage, il soit retombé dans ces mesmes petits preceptes. Il faut vous auoüer que d'abord j'auois crû qu'il auoit fait cette faute. I'eus mesmes dessein d'en retrancher vne partie, ou de rejetter à la fin du Liure la pluspart de ces preceptes qu'il a mis dans le commencement : parce que ie croyois qu'ils pourroient rebuter quelques vns de ceux qui

PREFACE
les liroient, lesquels rencôtrant d'abord des instructions si basses, & se figurant que le reste de ce Traité n'estoit que pour des enfans, ne voudroient pas se donner la peine d'en continuër la lecture. Mais apres auoir bien leu cet Ouurage, ie me suis apperceu que ce qui paroissoit vn effet du hazard, estoit l'effet d'vn artifice d'autant meilleur qu'il est plus caché, que ce desordre est fort volon-

taire, & qu'il n'a semé ces petits preceptes en plusieurs endroits qu'afin que si d'eux-mêmes ils estoiét ennuyeux, ils ne le fussent pas encore par leur longueur. Voicy quel est son ordre : Il parle premieremét des manieres d'agir qui peuuent choquer les sens; ensuite de celles qui s'opposent aux desirs;&enfin il parle des actions qui ont quelque disproportion, & qui ne s'accommodent pas auec la personne, le temps, ou le lieu : mais parce qu'vne mesme action, selon ses diuers regards peut choquer les sens, & n'estre pas proportionnée à la personne qui la fait ; sur la fin de son Ouurage, il a repeté quelque chose de ce qu'il auoit dit dans le commencement. Mais cela n'empesche pas que sous ces trois diuerses considerations, il n'ait tellemét examiné

AV LECTEVR.

toutes les actions des hommes, tous leurs gestes, leur démarche, leurs paroles, qu'il est impossible de le lire auec reflexion, sans connoistre qu'il nous reprend de plusieurs fautes que nous faisons tous les iours sans y penser. Et ce n'est pas sans mystere qu'il a mis ce Traité au iour, sous le nom d'vn vieillard, car il est impossible qu'vn ieune homme, quelque connoissance qu'il eust du mode, eust pû auoir fait toutes les reflexions neceſſaires pour en former vn ſi grand nombre de preceptes. Au reſte, i'en ay vſé comme ces peintres, qui voulant copier quelque excellent tableau, ſe contentent de donner à leur copie le meſme air, d'imiter les meſmes poſtures, ſans s'attacher trop ſcrupuleuſement aux meſmes couleurs ni à la meſme draperie: ſouuent meſmes ils laiſſent écha-

AV LECTEVR.

per quelque trait de leur imagination, & ne sont pas faschez de donner à leur ouurage l'air d'vn original, où il y a tousiours ie ne sçay quoy de fin, de delicat, & de naturel, qu'on ne sçauroit quasi faire couler dans les copies: Ainsi quoy que ie n'aye pas suiui mon original mot à mot, i'ay pourtant tâché de dire les mesmes choses, de leur donner le mesme air, & d'imiter la diction Italienne du Galatée, laquelle n'estant ni pompeuse, ni figurée, approche beaucoup du stile dont on se doit seruir dans la conuersation. Il est vray qu'en deux ou trois endroits i'ay retranché quelques preceptes, & que pour remplir leur place j'en ay adjoûté d'autres, & ie n'ay pas crû que ce fust vn crime d'accommoder à nostre siecle & à nos coustumes vn Liure, dont les preceptes seroient inutiles dans

AV LECTEVR.
noſtre Langue, s'ils n'eſtoient à noſtre vſage. Qu'on ne diſe point qu'vn traducteur eſt vn eſclaue, puis qu'il a deſſein de plaire, il doit auoir plus de ſoin de la beauté de ſon Ouurage que de la fidelité. Il n'y a que ceux qui traduiſent les Liures que la Religion a conſacrez, qui ſoient indiſpenſablement obligez à cette fidelité ſcrupuleuſe. On n'y doit point toucher en les traduiſant, c'eſt vne eſpece
E vj

PREFACE
de sacrilege que d'y vouloir retrancher, & c'est méler les choses Saintes auec les profanes que d'y adjoûter. Les traductions que l'on en fait, doiuent estre pures, s'il se peut : mais elles doiuent estre à la lettre. On n'a pas le mesme respect, ni la même soûmission pour tous les autres Liures : Il est permis en les traduisant de donner quelque liberté à son esprit ; il est permis de serrer vn raisonnement

AV LECTEVR.

quand il est trop étendu, ou de l'étendre, quand il est trop serré; de changer vne comparaison quand elle n'est pas iuste; vne figure, quand on croit qu'elle ne feroit pas vn bon effet dans la traduction; vn bon mot, quand il n'auroit pas le mesme agrément dans nostre Langue, que dans vne Langue estrangere. Monsieur d'Ablancour en a vsé de cette sorte dans la pluspart de ses traductions, principalement dans celle de Lucien, dont vne traduction seruile & à la lettre, seroit aussi fade & aussi ennuyeuse, que celle qu'il nous a donnée est agreable & charmante.

Il est vray, que la traduction estant vne imitation & vne copie, doit estre semblable à l'original : Mais comme l'imitation n'a point d'autre objet que de plaire, il faut pour arriuer à son but qu'elle soit naturelle ; il faut

AV LECTEVR.
qu'il n'y paroisse rien de forcé ni de contraint: Or il est impossible d'atteindre à cette imitation naturelle, en s'assujettissant seruilement à rendre terme pour terme, principalement dans les traductions que l'on fait d'Italien ou Espagnol: Car ces Langues qui ne sont pas plus parfaites que la nostre, ont de certaines beautez, lesquelles n'estant appuyées que sur l'vsage, qui peut estre vicieux,

deuiennét des defauts, en les traduifant dans vne autre Langue, où le mefme vfage n'eft pas receu. D'ailleurs, comme ie n'ay point fait cette traduction pour ceux qui veulent apprendre l'Italien, ou qui veulent le comparer auec le François, mais feulement pour ceux qui n'entendant pas cette Langue étrangere, feront bien aifes de voir les preceptes du Galatée dans la noftre: Ie n'ay pas crû que

AV LECTEVR.
ie deuſſe m'aſſujetir à vne fidelité trop exacte, & ie me ſuis figuré que ſi la pluſpart des bons Traducteurs prenoient beaucoup de libertez pour le ſeul agrément de la traduction, ie ne me les deuois pas refuſer à moy-meſme, dans vn Traité comme celuy que ie vous donne, qui contient pluſieurs inſtructions, leſquelles n'ont la force de loy qu'entant qu'elles ſont conformes à l'vſage. Si

quelqu'vn le trouue mauuais, il me permertra de luy dire ce que Terence a répondu à ceux qui luy reprochoient d'auoir alteré les Fables, afin de les accommoder au Theatre de Rome.

Que si vous m'accusez, accusez Ennius,
Teren-ce. *Et Plaute & Neuius; l'ayme mieux imiter vne Muse facile*
Que vostre exactitude & rampante & seruile.

Vous voyez combien il y a qu'on trauaille à

AV LECTEVR.

la liberté des Traducteurs, ie m'eſtonne qu'on les veüille encore remettre dans l'eſclauage, apres que ces deux illuſtres Romains, Scipion & Lœlius, leur ont donné rang parmy les hommes libres, ou tout au moins les ont mis au nombre des affranchis.

TABLE.

A QVE *l'Art de Plaire dans la conuersation n'est pas moins vtile que les autres vertus,* page 2. & 3.
Des actions qui sont des agreables aux sens, 7.
Qu'il faut que toutes les actions se sentent de l'honneur que nous deuons à la compagnie. 25.
Qu'il y en a qui mentent par leurs actions, 55.
Des allusions grossieres & des réponses basses & populaires, 105.
De l'vnité des actions, 161.
De l'agrément, 165.
B *Des bizares,* 32. & 33.
De la beauté, 1, 8.
Que la beauté consiste dans l'vnité, 159.
C *Qu'il ne faut point s'opposer aux coustumes publiques,* 29.

TABLE.

Des gens qui ne fongent qu'à leur commodité, 31. & 32.
Des contredifans, 37.
Qu'il faut auoir de la complaifance, 38.
Des chagrins, 39.
Des diuerses fautes que l'on peut faire dans la conuerfation, 44.
Que les ceremonies font auſſi vaines que les menſonges, 61.
Qu'en cas de ceremonie il faut fuiure l'vfage, 67.
Des ceremonies de deuoir, 69.
Qu'il ne faut point faire beaucoup de ceremonies aux perſonnes occupées, 75.
Qu'il ne faut point eſtre exact à ne faire des ceremonies preciſément que ce que l'on doit, 80.
Qu'il ne faut pas en faire aucun excez, 81.
Des gens qui font vn art de ceremonie, 84.
Qu'on ne doit point vendre ſes careſſes, 85.

TABLE.

Que les gens qui ayment fort les complimens, ont d'ordinaire peu d'esprit, 86.
Qu'il ne faut point donner conseil à ceux qui ne le demandent pas, 91.
Des critiques, 91.

E *Des entretiens à contre-temps,* 45.
Des entretiens pompeux, 134.
Que chacun veut estre estimé, 34.

F *De la flaterie,* 68. & 81.
Des differentes façons de viure de Luques, de Naples, & de Florence, 75.
Que la flaterie est choquante, 81.

G *Pourquoy M. de la C. a intitulé ce Liure Galatée,* 16.
Des gourmans, & de ceux qui mangent mal proprement, 19.
Des gestes, 187.

H *Qu'il faut s'habiller selon sa condition, & selon la mode du pays où l'on est,* 27. & 167.
Des habitudes, 154.

I *Qu'il faut vaincre de bonne-heu-*

TABLE.

ve ses inclinations, 148.
De l'yurognerie, 179.

M

Diuerses actions qui sont des marques de mespris, 25.
Des melacoliques & réueurs, 40.
Des mensonges, 53.
De la fausse modestie, 58.
Qu'on ne doit médire de personne, 87.
De la maniere de marcher, 171.

N

De ceux qui se piquent de Noblesse, de biens ou d'esprit, 57.
Des nouuelles ou histoires agreables.

P

Des pointilleux, 41.
Qu'il ne faut parler ni de soy ni des siens, 48.
Qu'il ne faut point se seruir de paroles equiuoques, qu'elles se peuuent estre de differente maniere, 116. & 117.
Des paroles des-honnestes,
Qu'il faut se seruir de façons de parler agreables, 128.
Des grands parleurs, 130 & 143.

TABLE.

	Qu'il ne faut parler ni lentement, ni trop viste,	117.
	De ceux qui parlent peu,	144.
	Plusieurs petits preceptes,	182.
R	Des railleries piquantes,	95.
	Des railleries innocentes,	97.
	Qu'il ne faut point railler des choses serieuses,	101.
	Ni des choses Saintes,	45.
	Des conditions de la raillerie,	101.
	De la delicatesse de la raillerie,	104.
	De la force de la raison,	150.
S	Qu'il faut plustost chercher la satisfaction des autres que la nostre,	6.
	Des songes,	49.
T	Qu'il ne faut point criailler à table,	36.
	Du choix des Termes,	114.
	De l'arrangement des Termes,	133.
	Des actions qu'il faut euiter lors qu'on est à table,	174.
V	De la vanité,	56.
	De la voix.	132.

L'Art

GALATE'E
OV
L'ART DE PLAIRE
DANS LA
CONVERSATION.

OMME i'acheue le voyage que font tous les hommes & que vous l'allez commencer, ie pense que vous trouuerez bon que ie vous marque les endroits que ie sçay par experience estre les plus dan-

A

gereux, & où vous pourriez facilement vous perdre, ou vous égarer, l'espere qu'en suiuant la route que ie vous monstreray, vous viurez dans le monde auec honneur, & soûtiendrez la gloire de vostre maison. Mais parce que vostre âge ne vous permet pas encore de receuoir les instructions les plus difficiles, ie les reserueray pour vn temps où elles vous seront plus vtiles, & ne vous entretiendray à cette heure que des choses que ie croy necessaires pour paraistre ciuil, & agreable dans les compagnies. Certainement si cet Art de la conuersation n'est pas mis au nombre des vertus, on peut dire qu'il leur ressemble fort, & quoy que la liberalité, la constance, & la magnanimité soient quelque chose de plus grand que l'agrément, & la ciuilité; neantmoins cet Art de plaire & de conuerſer n'eſt pas moins vtile que ces autres vertus rele‑uées : Car enfin dans la neceſſité que l'on à de parler ſouuent auec le monde, on a beſoin à chaque moment de ciuilité & de complaiſance, au lieu que la ju‑ſtice, la force, & ces autres ver‑tus plus nobles, ne ſe mettent en œuure que rarement : Vn hom‑me liberal, & magnifique n'eſt pas obligé d'agir toûjours auec magnificence, & meſme il ne le pourroit pas faire; Vn homme de cœur n'eſt pas cõtraint de donner ſouuent des marques de ſa va‑leur : Ces vertus ont, s'il faut ain‑ſi dire, plus de poids & plus de grandeur, mais l'vſage des au‑tres eſt plus commun, & l'on ſe trouue plus ſouuent dans la neceſſité de s'en ſeruir. Nous auons pluſieurs exemples, de

A ij

ceux qui n'ayant point d'autres qualitez remarquables, ont neantmoins acquis beaucoup d'estime, par ie ne sçay quelle façon d'agir ciuile, & auec ce seul secours sont montez aux degrez les plus éleuez, & ont laissé au dessous d'eux des personnes de qui les vertus estoient plus nobles, & plus éclatantes. En effet comme les façons d'agir agreables nous peuuent acquerir la bienveillance de ceux auec lesquels nous viuons, les actions rudes & grossieres nous exposent à leur haine & à leur mépris. Ainsi quoy que les loix n'ayent ordonné aucune peine contre les mœurs inciuiles, ces fautes ayant semblé, & estant en effet trop legeres pour les soûmettre à leur seuerité, nous voyons neantmoins que la nature mêmes les punit rigoureu-

dans la conuersation.

.kment, puis qu'elle priue les inciuils du commerce & de la societé des honnestes gens. Les grandes fautes nuisent dauantage; mais ces petites fautes nuisent plus souuent. Et comme on craint d'ordinaire les bestes farouches, & qu'on n'a aucune apprehension des moucherons, & que cependàt parce que ceuxcy importunent plus souuent, on se plaint dauantage d'eux qu'on ne fait de ces animaux fort redoutables: Ainsi il arriue souuent que la plusplart du monde se plaint autant ou plus des hómes des-agreables & fâcheux que des méchans. C'est pourquoy personne ne peut douter qu'il ne soit tres-auantageux à ceux qui veulent auoir societé auecque les autres hommes, & passer leur vie dans les villes, & non pas dans les solitudes & dans les deserts, d'auoir de la complaisance, & de la ciuilité. Sans elles les autres vertus sont comme steriles, elles ont besoin d'vn grand equipage, & d'vne longue suitte pour se faire paroistre, & pour produire quelque chose: Mais celles-cy sans aucun appuy, & sans aucun secours étranger, sont assez riches & assez puissantes.

Or parce qu'elles ne consistent que dans les façons d'agir & dans les paroles, afin que vous puissiez deuenir sçauant dans cét Art, il faut que vous sçachiez que vous deuez regler vos actions, en sorte que vous ne fassiez pas tant ce qui vous est agreable, comme ce qui plaist à ceux auec qui vous voulez faire habitude. C'est-là le but que vous deuez vous proposer, & où vous deuez tendre. Ce n'est pas qu'il n'y faille apporter vn certain temperament : car ceux qui ont trop de complaisance, & trop d'enuie de diuertir, passent plustost pour bouffons, & pour flateurs que pour galans hommes : Comme au contraire, ceux qui n'ont aucune complaisance, & qui ne se mettent pas en peine de ce qui peut plaire, ou de ce qui peut choquer, passent pour grossiers, & pour rustiques. Vos actions seront agreables, si vous auez moins d'égard à vostre satisfaction qu'à celle des autres, & si vous cherchez les choses qui plaisent generalement à la pluspart des hommes, & celles qui leur déplaisent, vous trouuerez bien-tost ce qu'il faut éuiter, & ce qu'il faut suiure.

Disons donc que tout ce qui choque quelqu'vn des sens ;

tout ce qui reprefente quelque chofe de deſ-agreable à l'imagination ; tout ce qui paroiſt fâcheux à l'entendement, déplaiſt à la pluſpart du monde. Mais on doit non ſeulement éuiter les choſes laides, ſales, ou dégoutantes ; on ne doit pas meſme les nommer ; on ne doit pas en faire ſouuenir, ny faire aucune action, ny aucun geſte, qui puiſſe les repreſenter à l'imagination. Ainſi c'eſt vne mauuaiſe habitude, & qui neantmoins eſt aſſez commune, de ſe mettre les mains indifferemment ſur toutes les parties du corps, lors qu'on eſt en compagnie : Ainſi parcé qu'il y a ie ne ſçay quelle honte attachée aux neceſſitez naturelles, on ne doit rien faire ny rien dire en compagnie qui en puiſſe donner aucune idée ; Ainſi l'on ne doit pas lors qu'on trouue quelque chose de sale & de des-agreable, comme il arriue souuent, se retourner vers la compagnie, pour luy montrer ce que c'est. On ne doit pas aussi faire rien sentir qui soit de mauuaise odeur, & il ne faut pas faire comme ces gens qui nous approchent du nez ce qui sent mal, & nous pressent de le flairer parce qu'il sent mal ; ils deuroient plûtost nous auertir de ne le point sentir, puis que l'odeur en est mauuaise. Comme en toutes ces choses les sens par le rapport qu'ils y ont en sont choquez : Les oreilles le sont par le grincement de dents, par les sifflemens, & par vn certain bruit acre, que l'on fait en frottant deux pierres l'vne contre l'autre, ou en les gratant contre du fer. Non seulement on doit prendre garde à ces sortes de

Des actions des-agreables aux sens.

choses, mais mesme il faut s'empescher de chanter seul lors qu'on a la voix mauuaise, il y a peu de personnes qui s'en abstiennent, & ceux qui ont la voix la plus des-agreable chantent d'ordinaire le plus souuent, parce que les hommes se plaisent à faire les choses pour lesquelles ils ne sont pas nés.

Quelques vns en toussant ou en éternüant font vn certain bruit qui étourdit les oreilles: d'autres toussent ou éternuënt si indiscretement, qu'ils iettent de la saliue sur le visage de ceux qui les regardent: Il s'en trouue aussi de qui les bâillemens sont si des-agreables, qu'ils ressemblent à des hurlemens: Il y en a d'autres qui ayant la bouche ouuerte, veulent continuer ce qu'ils auoient commencé à dire, ils font vn certain bruit confus, semblable à celuy que font les muëts, quand ils tâchent de se faire entendre. On doit éuiter ces sortes d'actions, parce qu'elles sont des-agreables à l'oreille, & à la veuë. On doit mesme s'empeschet de bâiller souuent, tant à cause de ce que i'en ay déja dit, que parce que cette action venant d'vn certain ennuy qu'on a d'estre dans vn lieu, marque qu'on se plairoit mieux ailleurs, & que ny la compagnie, ny la conuersation ne paroissent pas beaucoup diuertissantes : Car il est certain que si dans le temps où l'on bâille le plus ordinairement, l'on est surpris de quelque chose d'agreables, ou si l'on a quelque pensée qui aplique, on ne songe plus à bâiller : mais dés qu'on retombe dans l'oisiueté, ou qu'on ne pense plus à rien qui diuertisse, on

A vj

on recommence tout aussi-tost. N'auez vous point remarqué que lors que quelqu'vn bâille dans vne compagnie, où il y a plusieurs personnes qui ne sont pas occupées, les autres ouurent en mesme temps la bouche, comme s'il les auoit fait songer à vne chose qu'ils auroient faite auant luy, s'ils s'en estoiēt souuenus? Et i'ay ouy dire à des personnes sçauantes, que le mot Latin qui signifioit bâiller signifioit aussi estre negligent & faineant. On doit donc fuir ces mauuaises coûtumes, non seulement parce qu'elles sont desagreables; mais aussi parce qu'elles sont des marques que la compagnie est ennuyeuse. D'ailleurs, elles nous font passer pour des endormis, pour des réueurs, & ces qualitez ne nous rendent pas trop aymables.

On ne doit point auſſi quand on s'eſt mouché ouurir ſon mouchoir pour voir ce qui eſt dedans, comme s'il deuoit deſcendre des perles & des rubis du cerueau. Toutes ces façons de faire ſont dégoûtantes, & au lieu de nous gagner l'amitié de ceux auec qui nous viuons, elles nous peuuent faire perdre celle que nous auions acquiſe. C'eſt ce que nous a voulu marquer Bocace dans ſon labyrinte d'Amour, dans lequel il a feint qu'vn eſprit luy apparut, & que pour éteindre l'amour qu'il auoit pour vne Dame qu'il connoiſſoit mal, cet eſprit luy repreſenta comment elle eſtoit mal-faite dans ſon des-habillé, & mal propre quand elle eſtoit ſeule. C'eſt encore vne mauuaiſe habitude de flairer le vin qu'vn autre doit boire, ou la viande qu'il doit manger; ie ne voudrois pas mesme qu'on se donnast la peine de sentir ce qu'on doit boire, ou ce qu'on doit manger; puis qu'il se peut faire quoy que cela n'arriue pas, qu'il tombe quelque chose de sale & dégoûtant du nés. A mon aduis on ne doit pas presenter à personne le vin qu'on a déja goûté, ny les fruits dans lesquels on a mordu, à moins que ce ne soit à quelqu'vn auec qui l'on soit extrêmement familier. Ne vous figurez pas que ces preceptes soient de peu de consequence, car les blessures les plus legeres deuiennent mortelles quand elles sont en trop grand nombre. Ie ne puis m'empescher de vous faire vne histoire sur ce sujet.

Il y eut à Verone vn Euesque de grand merite appellé Gilbert, il auoit mille belles qualitez, il estoit fort ciuil, & fort liberal, il receuoit les Gentils-hommes qui l'alloient voir, auec vne certaine magnificence, qui n'auoit rien du luxe; mais qui estoit modeste, & telle qu'on la pouuoit souhaiter dans vn homme d'Eglise. Vn Gentil-homme nommé le Comte Richard passa chez luy, & y demeura quelque temps : La pluspart des domestiques de ce Prelat estoient ciuils & galans, & parce que ce Gentil-homme leur parut fort bien fait, ils eurent beaucoup d'estime pour luy. Il auoit seulement vne mauuaise habitude, dont l'Euesque, qui estoit homme d'esprit, s'apperceut bien-tost : Et en ayant conferé auec quelques-vns de ses plus familiers amis, il leur demanda s'il seroit de la bien seance de l'en faire auertir, car il craignoit qu'il ne le trouuaſt mauuais. Ce Gentilhomme auoit déja pris congé de toute la maiſon, & deuoit partir le lendemain matin : L'Euefque appella vn de ſes domeſtiques, qu'il connoiſſoit pour vn homme fort diſcret, il luy dit de monter à cheual pour accompagner le Comte, & de prendre adroitement l'occaſion de l'auertir de ſon deffaut comme ils auoient reſolu. Ce domeſtique eſtoit vn vieillard plein d'années & de ſcience, mais dont la conuerſation eſtoit plus diuertiſſante qu'on ne ſçauroit s'imaginer, il auoit la phyſionomie heureuſe, & comme il auoit paſſé quelques-vnes de ſes années dans la Cour des plus grands Seigneurs, il auoit vn air fort agreable, ſon nom eſtoit Galatée. C'eſt à ſa priere & par son conseil que i'ay entrepris de mettre ce petit Traité au iour. Marchant auec le Comte, il l'entretenoit agreablement, parlant de diuerses choses comme il arriue dans la conuersation. Mais lors qu'il vid qu'ils se deuoient quitter,& que le Comte le pressoit de s'en retourner à Verone, il commença à le regarder auec vn certain enjoûment sur le visage, & luy dit, Monsieur l'Euesque de Verone vous rend mille graces, de l'honneur que vous luy auez fait de le visiter, & de demeurer quelque temps chez luy. Et pour n'estre pas tout à fait ingrat de vostre ciuilité,il m'a donné charge de vous faire vn present de sa part. Il vous prie de le receuoir, comme sortant de la main d'vn homme, qui a pour vous toute l'estime, & toute l'affection imaginable.

Vous estes à son sentiment le Gentil-homme le plus ciuil, & le plus galant qu'il ait iamais veu, ç'a esté pour cette raison qu'il a voulu examiner fort exactement, toutes vos actions, & toutes vos manieres d'agir, il n'en a trouué aucune, qui ne soit fort agreable, il a seulement remarqué qu'en mâchant vous faites vne action vn peu difforme, & vn certain bruit qui choque les oreilles. C'est-là ce que j'auois à vous offrir de la part de Monsieur l'Euesque, qui vous prie d'oster ce petit defaut, & de prendre cet auertissement comme vn present fort cher, estant certain qu'il n'y a que luy au monde qui vous en vouluft faire vn pareil. Le Comte qui ne s'en estoit point encore apperceu, rougit d'abord comme si cet auertissement auoit esté vn reproche : Mais il se remit incontinent, & pria Galatée de dire à cet illustre Prelat, que si tous les presens que les hommes se font estoient de la nature de celuy-là, ils seroient bien plus riches qu'ils ne sont; qu'il luy estoit infiniment obligé de sa liberalité, & de l'assurer qu'il tâcheroit de se corriger du défaut dont il l'auoit auerty; & le quitta de cette façon en luy faisant des offres de seruice.

Que diroit ce Prelat à ces gourmands que nous voyons tous les iours, qui ne détournent iamais la veuë des plats, mais qui ont toûjours les yeux & les mains attachées sur les viandes, & ayant les iouës enflées comme s'ils vouloient souffler le feu, ou faire resonner vne trompette, laissent tomber des morceaux delicats dans leurs

corps comme dans vn gouffre:
Ils s'engraissent les bras iusques
aux coudes, & ayant saly leurs
seruiettes comme des nappes de
cuisine, ils n'ont point de honte d'en essuyer la sueur que cet
empressement qu'ils ont à manger leur fait dégouter du front,
& de tout le visage, ils s'en es-
suyent le cou & s'en seruent
mesme comme de mouchoir,
quand il leur en prend enuie.
Ces sortes de gens, non seulement ne meriteroient pas d'e-
stre receus dans vne maison
comme celle de l'Euesque de
Verone, mais deuroient estre
chassez de toutes les honnestes compagnies. Vn hom-
me ciuil doit donc prendre garde à ne pas s'engraisser tellement les doigts que sa seruiette
en demeure gastée. Il ne doit
pas aussi les frotter au pain qu'il

doit manger, parce que toutes ces choses sont dégoûtantes à voir.

Ceux qui sont destinez à seruir à la table, doiuent auoir soin de ne point gratter leur teste en presence de leur Maistre quand il mange, & de ne mettre point leurs mains ny dans leurs poches ny dans leur sein, ny derriere eux; mais apres les auoir lauées, en sorte qu'il n'y ait aucune marque de saleté, ils doiuent, pour oster toute sorte de soupçon, les tenir découuertes.

Ceux qui apportent les plats, ou qui donnēt à boire, doiuent s'empescher lors qu'ils seruēt, de cracher, de tousser, & encore dauantage d'éternuer : mesme il ne faut pas qu'ō puisse soupçonner que leur haleine ait approché des viandes, parce que ce soupçon que l'on a de trouuer quelque chose de sale, degoûte presque autant que la chose mesme, & l'incertitude où l'on est si vne chose est arriuée, fait autant de peine que si l'on estoit asseuré qu'elle le fust. Ainsi les domestiques doiuent prendre garde de ne pas donner à leur Maistre par leurs gestes, par leurs actions, ou par leur negligence, aucun sujet de crainte de trouuer quelque chose de sale dans ce qu'ils ont appresté.

Il ne faut point presenter à vn autre son mouchoir, mesme quand il seroit blanc; car celuy à qui on l'offre ne sçachant pas qu'il soit blanc, peut l'auoir à contre-cœur. Quand vous parlez auec quelqu'vn, ne vous approchez pas en sorte qu'il sente vostre haleine: Il s'en trouue plusieurs à qui l'haleine des aures est incommode, quoy qu'elle ne soit pas de mauuaise odeur. Ces actions des-agreables, se doiuent euiter, parce qu'elles peuuent choquer quelqu'vn des sens des personnes auec qui l'on conuerse.

Parlons maintenant des manieres d'agir qui ne choquent aucun des sens en particulier, mais qui sont contraires à la volonté, & aux desirs de la pluspart du monde. Vous sçauez que les hommes souhaittent diuerses choses, les vns veulent satisfaire leur colere, les autres leur gourmandise ; les autres leurs sensualitez ; les autres leur auarice ; enfin les autres ont d'autres sortes de desirs : Or dans l'entretien l'on ne peut souhaitter aucune de ces choses, dautant qu'elles ne consistent pas en ces manieres d'agir dont

Des actions côtraires aux desirs.

on se sert dans la conuersation, & les hommes n'y souhaittent que les fruits qu'ils peuuent tirer de la communication qu'ils ont auec vous, qui semblent estre l'amitié, l'honneur, la consolation, ou quelque autre chose de semblable. C'est pourquoy on ne doit rien dire ny rien faire qui soit vne marque du peu d'affection, ou du peu d'estime que l'on a pour les personnes auec qui l'on s'entretient. Ainsi c'est vne coûtume inciuile, & neantmoins assez commune de s'endormir dans vn lieu où il y a plusieurs honnestes gens qui sont en conuersation; Car outre que c'est vne marque qu'on estime peu les personnes auec qui l'on se trouue, & que l'on fait peu de cas de leur entretien, d'ailleurs, en dormant on peut faire quelque action qui

qui sera des-agreable à voir, ou à entendre. Et le plus souuent ceux qui s'endorment de cette sorte n'estant pas couchez fort à leur aise, se réueillent couuerts de sueur. Quand la compagnie est assise, & qu'elle s'entretient, on ne doit pas estre debout, & se promener dans la chambre, comme si on trouuoit la conuersation ennuyeuse. Il y en a quelques-vns qui se couchent, qui s'étendent, qui bâillent, qui se tournent tantost sur vn costé, tantost sur l'autre, en sorte qu'on diroit que la fiévre les va prendre : Toutes ces actions sont des marques euidentes de l'ennuy qu'ils souffrent dans la compagnie. On en voit quelques-vns qui tirent à tous momens des lettres de leurs poches & se mettent à les lire, d'autres font encore quelque chose de plus inciuil, ils prennent leurs oyseaux, & s'occupent à couper leurs ongles, chantent entre leurs dents, battent auec leurs doigts le tambour sur vne table, ou contre le paué auec les pieds, comme s'ils comptoient pour rien la compagnie dans laquelle ils sont, & s'ils cherchoient quelque autre amusement pour passer le temps. On ne doit pas aussi se placer en sorte qu'on tourne le dos à quelqu'vn, ni tenir vne des iambes en haut, c'est vne posture des-agreable & peu honneste ; car il est certain que toutes ces actions ne se font d'ordinaire qu'auec des personnes pour lesquelles on n'a aucun respect. Il est vray qu'vn Seigneur de condition pourroit vser de ces libertez deuant ses domestiques, ou en presence

d'vn amy de moindre condition que luy, & ce seroient plu-
tost des marques de familiarité,
& d'affection, que de vanité &
d'orgueil. On doit se soustenir
soy-mesme, & il n'est pas seant
de s'appuyer sur le dos d'vn autre. Quand on raconte quelque
histoire, il faut bien prendre garde de ne pas faire comme plusieurs qui ne sçauroient rien dire
sans en demander l'approbation
auec le bras, dés qu'ils ont dit
vne parole, ils demandent n'ay-
je pas dit vray Monsieur ? &
vous Monsieur ? & Monsieur vn
tel, & cependant ils vous pouf-
sent toûjours auec le coude.

Il faut vous habiller selon vo- *Des*
stre condition, & selon vostre *habits.*
âge, & comme l'on s'habille
dans le païs où vous demeurez,
car on ne peut en vser autrement
sans témoigner du mépris aux
B ij

habitans du païs où l'on est. Ainsi les Bourgeois de Padoüe prenoient pour affront quand ils voyoient dans leur ville quelque noble Venitien en habit de campagne, comme s'il auoit esté dans son village. Non seulement les habits doiuent estre d'vne étofe deliée, mais aussi ils doiuent estre autant qu'on peut faits de la mesme façon que ceux des autres. Il faut suiure les coûtumes du temps, quand mesme elles ne paroistroient pas si agreables, ni si commodes que les anciennes. Si vous demeurez dans vne ville, où tout le monde ait les cheueux coupez, vous ne deuez point prendre de perruque, ny vous faire raser la barbe, si les autres la portent longue; parce que c'est contredire la mode, & les coûtumes: ce qui ne se doit faire qu'en cas necessité comme nous dirons ailleurs : Cette sorte de contradiction nous rend odieux à plus de monde qu'aucune autre. On ne doit donc point s'opposer aux coûtumes publiques, au contraire, il les faut suiure en gardant toufiours vne certaine mediocrité. Il faut n'estre pas le seul qui porte son manteau iusques sur les talons quand les autres ne le portent qu'vn peu au dessous de la ceinture. Car comme nous voyons que tout le monde regarde vn homme qui a le visage difforme, & fait d'vne façon extraordinaire : Ainsi tout le peuple se retourne pour considerer ceux qui ne se laissent pas entraisner par la multitude, mais qui s'habillent à leur fantaisie, qui portent des cheueux longs quand les autres les ont courts, qui ont la barbe faite d'vne façon extrauagante, ou qui portent vne certaine coiffure extraordinaire, comme ces grands bonnets à l'Allemande, chacun veut les voir, on fait vn cercle tout au tour d'eux, & enfin on les regarde comme des gens qui ont entrepris de combattre toute la contrée dans laquelle ils demeurent: Les habits doiuent encore estre propres aux personnes qui les portent, & paroistre auoir esté faits pour elles, car ceux qui ont des habits riches, mais mal faits, font croire, ou qu'il leur est fort indifferent de plaire, ou qu'ils ne sçauent pas en quoy consiste la grace & la propreté. Ceux-là font donc penser qu'ils n'ont estime pour qui que ce soit, puis qu'ils ne se mettent pas en peine de plaire à personne, c'est pourquoy ils ne font point aimez, & font mal receus dans la pluspart des compagnies.

Il y en a quelques-vns qui par leurs actions, & par leur maniere d'agir se rendent insupportables, & apportent l'incommodité, & le trouble dans toute les compagnies: Ils ne font iamais prests auec les autres, ils ne sont iamais bien, ils n'ont iamais tout ce qu'il leur faut; Si les autres vont se mettre à table, ils veulent écrire ou faire quelqu'autre chose; Ils disent qu'ils n'ont point fait d'exercice, qu'il est encore bonne-heure, qu'on peut bien attendre vn moment, & pourquoy l'on est si pressé; enfin ils troublent, & embarassent toute vne compagnie, parce qu'ils ne regardent que leur aise, qu'ils n'ont soin que d'eux mesmes, & qu'ils n'ont aucune

Des incommodes.

confideration pour les autres. D'ailleurs, ils veulent auoir toute forte d'auantage, ils veulent fe coucher dans les meilleurs lits, dans les plus belles chambres, s'affeoir dans les lieux les plus commodes, & les plus honorables, ils veulent eftre feruis les premiers; ce qui vient de la part des autres leur déplaift, ils n'ont de l'eftime que pour ce qu'ils difent & pour ce qu'ils font. Et foit qu'ils veuillent ou manger, ou monter à cheual, ou joüer, ou caufer, ils croyent que tout le monde doit auoir de la complaifance pour eux, & qu'ils ne font obligez d'en auoir pour qui que ce foit.

Il s'en trouue d'autres qui font fi bizarres, & d'vne humeur fi difficile & fi extraordinaire, que iamais rien n'eft bien-fait à leur fantaifie. Ils répondent toûjours en colere à ce qu'on leur dit, ils ne se lassent iamais de crialler apres leurs valets. Il estoit belle-heure quand tu m'as éueillé ce matin, disent-ils à quelqu'vn de leurs gens, regarde comme tu as bien nettoyé ces habits; tu n'es pas venu à l'Eglise auec moy, grosse beste, peu s'en faut que ie ne te donne sur les oreilles. Toutes ces façons de parler ont mauuaise grace, & sont méprisantes, on les doit éuiter : quand vn homme auroit beaucoup d'humilité, s'il se seruoit de ces termes, non pas par vanité, mais par negligence ou par vne mauuaise habitude, neantmoins comme ils le feroient paroistre superbe, & vain, ils le feroient asseurément haïr ; car l'orgueil consiste proprement à n'auoir aucune estime pour les autres.

Or chacun veut estre estimé, encore même qu'il ne le merite pas.

Vbaldino Bandinello que nous auons veu à Rome, auoit certes beaucoup de merite, beaucoup d'esprit, & beaucoup d'érudition, il disoit ordinairement que lors qu'il alloit au Pallais, quoy que les ruës fussent pleines de Gentils-hommes, de Courtisans, de Prelats, de Seigneurs, & pareillement de pauures gens, & de plusieurs personnes de mediocre condition: neantmoins il luy sembloit qu'il ne trouuoit iamais personne qui fust au dessus ni au dessous de luy: En effet il n'en pouuoit trouuer qui le valussent, si on auoit égard à sa vertu qui estoit extraordinaire: Mais les hommes ne se doiuent pas peser à vne balance si iuste, & si exacte, il les faut prendre non

pas pour ce qu'ils valent effe-
ctiuement, mais selon le cours
qu'ils ont comme la monnoye.
En la presence des personnes
ausquelles nous voulons plaire,
nous ne deuons point faire d'a-
ctions qui soient des marques
de superiorité, il faut qu'elles se
sentent de l'égalité, & qu'elles
ayent, pour ainsi dire, vn caractere de l'honneur, & du respect
que nous deuons rendre à la
compagnie dans laquelle nous
sommes. Ainsi les actions de
commandement faites à propos
ne sont pas blasmables, mais elles le deuiennent quand on n'a
pas d'égard au lieu, & aux personnes deuant qui on se trouue.
Comme de dire des injures à ses
valets, les crier, les battre, ce
n'est proprement qu'vser de son
droit, cependant on ne le fait
presque iamais deuant des per-

sonnes qu'on doit respecter, sans que la compagnie s'en scandalise, principalement si quelqu'vn le fait à table, qui est vn lieu de gayeté, & de diuertissement, & non pas de trouble, & de tumulte: Ainsi .Currado fit fort ciuilement de ne point contester auec son valet, & de ne le point châtier en presence de la compagnie, encore qu'il meritast d'estre puny pour auoir plûtost choisi de plaire à vne seruante, qu'à son Maistre; & si Currado auoit encore fait moins de bruit, il en seroit plus loüable, car il n'estoit point à propos de prendre Dieu à témoin de ses menaces. Mais retournons à nostre discours.

Ie dis dõc que la table n'est point vn lieu où l'on doiue se mettre en colere, & si par hazard, on est surpris de cette passion il faut la cacher, en sorte qu'il n'en paroisse aucune marque; principalemét si vous auez quelques-vns de vos amis à manger auec vous, puis que vous les auez priez pour les réjouïr, & non pas pour les fâcher : Car de la mesme sorte que si vous voyez manger quelque chose que vous sçauez estre aigre, cela vous cause ie ne sçay quel agacement aux dents, ainsi il est impossible de voir les autres en colere sans se troubler.

Les contredisans sont ceux qui font toûjours d'vn sentiment opposé à celuy des autres, comme le mot le signifie assez de luy-mesme, car il veut autant dire qu'estre contraire aux autres. Ce seul terme vous peut faire iuger si la contradiction est vn bon moyen pour s'acquerir des amis, puis qu'elle consiste à

Des contredisans.

s'opposer à ce qui leur est agreable ; c'est ce que font les ennemis. Ceux qui veulent gagner l'amitié du monde doiuent éuiter ce vice qui peut engendrer la haine, & l'importunité, mais non pas le plaisir, & la bienveillance. Il faut que les plaisirs des autres soient les vostres, & pourueu qu'il ne vous arriue aucune honte, ny aucune perte à faire ce que les autres souhaitent, il faut plûtost vous regler sur leur volonté que sur la vostre. Il ne faut point paroistre rustique, & étranger, mais ciuil & familier, ny ressembler à ces arbres épineux & sauuages que la terre produit : mais plûtost à ces arbres cultiuez & domestiques que l'adresse du iardinier a rendus souples & obeïssans. Ceux-là paroissent toûjours agreables qui en vsent auec tout le monde de la mesme sorte que les amis ont accoustumé d'en vser entr'eux. Mais ceux qui en vsent autrement paroissent étrangers par tout, au lieu que les personnes qui auec la discretion requise se rendent familieres en quelque lieu qu'elles soient, semblent auoir connoissance, & amitié auec tout le monde. C'est pourquoy il faut s'accoûtumer à salüer, à parler familierement ; à répondre doucement, & à paroistre auec chacun en particulier, comme si l'on estoit de son païs, ou de sa connoissance. Nous voyons de certaines gens qui ne font bon visage à personne, qui sont toûjours prests à répondre, *non*, qui ne reçoiuent point en bonne part l'honneur qu'on leur rend, ni les caresses qu'on leur fait, Qui ne veulent point souffrir

Des chagrins,

qu'on les visite, ou qu'on les accompagne, qui fuyent la societé des autres hommes comme des Sauuages, ou des Barbares, qui ne se diuertissent ni des mots plaisans, ni des entretiens agreables; Qui reçoiuent comme des injures, les ciuilitez, & les offres de seruice. Quand on leur va dire, Monsieur..... m'a chargé de vous faire la reuerence de sa part, qu'ay-ie affaire de sa reuerence, disent-ils. Monsieur..... m'a demandé comment vous vous portiez, qu'il vienne me tâter le poulx. Ces sortes de gens n'acquierent ny l'estime, ny l'amitié de personne.

Contre les melancoliques. Il faut prendre garde de n'estre pas melancolique, réueur, & de n'auoir pas l'esprit absent du lieu où l'on est. Ce n'est pas qu'ô ne le doiue souffrir à des per-

dans la conuerfation. 47

sonnes qui ont de grandes occupations, & qui sont accoustu-
mées depuis long-temps à la
speculation des sciences les plus
éleuées, & des Arts qu'on nôme
liberaux, mêmes quand ils veu- Contre
lent resuer ils feroient bien de se les res-
retirer dans leurs cabinets; mais ueurs.
cette resuerie ne se pardonne
point aux personnes qui n'ont
pas de ces hautes occupations.

Il n'y a rien de plus des-agreable que d'estre trop delicat, &
trop pointilleux, la compagnie Les
de ces sortes de gens est vn ve- pointil-
ritable esclauage; il s'en trouue leux.
de si aisés à choquer, que quand
on est auec eux, il faut prendre
garde à soy, comme si on estoit
parmy plusieurs vases de cristal,
tant leur amitié est fragile. Si
vous n'auez pas esté assez
prompt à les saluër, à les visiter, ou à leur répondre, si vous

ne les auez pas assez respectez, ils en sont aussi choquez qu'vn homme raisonnable le seroit d'vne grande injure. Si vous pensez agir dans la familiarité & si vous ne leur donnez pas tous les titres d'honneur, ils en font vn sujet de querelles, & d'inimitiez irreconciliables. Pourquoy m'appellez-vous vn tel, & non pas Monsieur vn tel, ie vous traite bien de cette façon-là? Pourquoy me parlez-vous par toy, & non pas par vous? ie n'ay point eu la place que ie deuois auoir à la table. Hier vous ne vinstes point chez moy, i'estois bien allé auant-hier chez vous: Ce n'est point là comment il en faut vser auec ses égaux.

Ces sortes de gens se rendent si insupportables, qu'il n'y a personne qui les puisse voir, ni

dans la conuersation.

qui les puisse souffrir, ils s'aiment tant eux-mesmes qu'ils ne sont plus capables d'aucune autre affection. Certainement si nous n'esperōs point d'amitié de ceux auec qui nous converſons, nous ſouhaitons au moins qu'ils agiſſent auec beaucoup de circonſpection, que leurs actions ayent tout l'agréement qu'on leur peut donner, & enfin qu'ils nous diuertiſſent s'ils ne nous ayment pas. Mais on ne ſçauroit viure auec des eſprits, qui n'ont que du mépris pour les autres, qui ſont ſi aiſez à choquer qu'on ne peut eſtre leur amy, ſans deuenir leur eſclaue: & de vray leur humeur eſt ſi bizarre, qu'il eſt preſque impoſſible de la ſupporter; il faut laiſſer ces delicateſſes, & ces façons ſi incommodes aux caprices d'vn ſexe plus foible que le noſtre.

On peut manquer en diuerses manieres dans la conuersation. Premierement dans la matiere qu'on choisit : elle ne doit estre ni basse ni friuole, parce que si ceux qui vous écoutent n'ayment point ce que vous dites, ils ne s'y arrestent pas, au contraire ils méprisent le discours & celuy qui le fait. Il ne faut pas aussi prendre vn sujet trop recherché, & trop subtil, parce que la plus grande partie de la compagnie auroit trop de peine à l'entendre.

De la conuersation.

Du sujet de la conuersation.

On doit bien prendre garde de ne proposer pas quelque chose qui fasse rougir, & qui donne de la confusion à aucun de la compagnie. Il ne faut point s'entretenir de choses sales, parce qu'vn homme ne doit point chercher à plaire par des choses des-honnestes. Il ne faut iamais rien dire à dessein contre Dieu ni contre les Saints, ni mesme en faire des railleries, quand d'ailleurs elles paroistroient agreables. C'est vne faute que la galante troupe de Bocace commet assez souuent, & dont elle merite bien d'estre reprise: remarquez que de faire des railleries des choses saintes, ce n'est pas seulement estre impie, mais que c'est aussi estre inciuil; car il ne faut pas dire des choses qui peuuent déplaire & estre des-agreables à entendre, & certes il y a plusieurs personnes qui fuyent les lieux où l'on parle de Dieu auec mépris. Non seulement on doit parler saintement des choses saintes, mais il ne faut pas que la conuersation soit vne marque d'vne vie licentieuse, parce que les hommes haïssent iusques à leurs dé-

Euiter la railleriedes choses saintes.

fauts, quand ils se trouuent dans les autres. Il n'y a rien aussi de plus des-agreable qu'vn entretien hors de saison, & contraire au dessein des personnes, qui vous entendent, encore que ce que vous dites fust fort pieux, & fort bon s'il estoit en sa place. Qu'on n'aille donc point faire le predicateur auec des ieunes Dames qui se veulent diuertir, ce n'est point-là le temps de leur parler de priere ni de meditation.

Des entretiés.

Au bal ou à la table qu'on ne raconte point d'histoire melancholique, comme de playes, de maladies, de mort, ny d'autre matiere qui fasse souuenir de quelque obiet triste,& fascheux. Au contraire si quelqu'vn estoit tombé par hazard dans ces sortes de recits, il faut changer adroitement d'entretien, prendre vn sujet diuertissant, & tourner ailleurs la conuersation d'vne maniere agreable. Ce n'est pas que ie n'aye ouy dire à vn fort habile-homme, que l'on a aussi souuent besoin de pleurer que de rire. Il pretendoit que c'estoit pour cette raison qu'on auoit inuenté ces fables tristes ausquelles on a donné le nom de Tragedies, afin qu'estant racontées sur le theatre, elles tirassent des larmes de ceux qui auoient besoin de cette sorte de remede. Mais quoy qu'il en soit, vous ne deuez point exciter cette passion dans l'esprit des personnes auec qui vous vous entretenez, particulierement si vous estes dans vn lieu destiné à la ioye, & aux diuertissemens, & non pas aux pleurs, & a la tristesse ; que s'il s'en trouue quelqu'vn à qui les larmes seruent de remede, il peut si bon luy semble se les exciter, par diuerses sortes de moyens qui ne sont pas fort difficiles. C'est pourquoy ie ne vois pas qu'on puisse excuser nostre Philostrate lors qu'il raconte des histoires remplies d'euenemens funestes, & qu'il veut faire verser des larmes à des gens qui ne cherchoient que la ioye, & le diuertissement. Il vaut donc mieux demeurer dans le silence que de ne raconter que des histoires melancholiques.

Ne parler ny de soy ny des siens.

Il y en a qui font encore vne grande faute dans la conuersation ; ils ne parlent iamais que de leurs femmes, de leurs enfans, & de leurs nourrices. Mon petit garçon me fit hier au soir tant rire ; écoutez, vous n'auez iamais veu vn enfant si doux que le mien : Pour ma femme vous ne sçauriez croire combien elle

elle a d'esprit. Y a-t-il gens qui ayent assez de loisir pour répondre ou pour écouter de si grandes fadaises? Non certainement, elles sont ennuyeuses à toute sorte de personnes.

Il y a d'autres importuns, qui nous parlent à chaque moment de leurs songes, mais ils les racontent auec passion, comme s'ils disoient quelque chose de merueilleux. Quel ennuy d'estre obligé d'entendre les resueries de personnes qui souuent ont si peu d'esprit que ce seroit mesme perdre le temps que d'écouter leurs plus serieuses meditations. On ne doit point importuner la compagnie d'vne matiere basse comme les songes, lesquels pour la plus part sont fades & ridicules, & quoy que i'aye ouy dire assez souuent que les Anciens nous

Des songes.

C

en ont laissé de beaux, &
où l'on remarque des raisonnemens solides, neantmoins ce n'est point à nous autres petits esprits ny au commun peuple, à faire la mesme chose dans la conuersation. Ie n'écoute pas auec plaisir les songes, mais ie vous auoüe que de tous ceux que i'ay entendu raconter, ie n'en ay trouué aucun qui meritast la peine de le dire, que celuy d'vn Gentil-homme Romain nommé Flaminius Tomarossus, homme sçauant, & d'vn esprit fort délié. En dormant il crût estre assis dans la boutique d'vn Apoticaire de ses voisins; comme il s'y arresta quelque temps, il s'émeut parmy le peuple vn certain bruit dont il ne sçauoit point la cause ; tout le monde entroit dans cette boutique pour dérober, l'vn prenoit vne cho-

se, & l'autre en prenoit vne autre, & enfin il s'étonnoit qu'en peu de temps il n'estoit demeuré ni fiole, ni pot, ny boëtte, ni aucun vase qui ne fust entierement vuide. Il y auoit seulement vne certaine petite fiole, pleine d'vne liqueur extrémement claire, tous ceux qui entrerent dans la boutique la sentirent & en goûterent, mais l'ayant goûtée ils n'en voulurent point. Vn moment apres il vint vn grand homme déja âgé qui auoit vn port venerable, il entra dans la boutique, & apres auoir regardé toutes les boëttes & tous les vaisseaux qui estoient vuides, ou renuersez, & dont la plus grande partie estoit cassée, il ietta enfin les yeux sur cette petite fiole & l'ayant portée à sa bouche il la beut en vn moment, en sorte qu'il n'en resta pas vne goutte; & ensuite il sortit de la boutique comme auoient fait les autres. Flaminius paroissant fort estonné de ce qu'il venoit de voir, se tourna vers l'Apoticaire, & luy demanda d'où venoit que cet homme auoit trouué tant de goust à cette liqueur dont les autres n'auoient point voulu? Il creut que le Maistre de la boutique luy répondit : mon fils, ce dernier que vous auez veu sous la figure d'vn homme est vn Dieu, l'eau qu'il a beuë, & que les autres ont trouuée dégoûtante, & ont rejettée, est l'eau de discretion, vous auez veu comme tout le monde la fuit, c'est que la pluspart des hommes ne voudroient pas deuenir Sages pour quoy que ce fust. Des songes comme celuy-là peuuent seruir d'entretien, on les écou-

dans la conuersation. 53

te auec plaisir, & mesme auec vtilité, car ils ressemblent dauantage aux meditations d'vn homme qui veille qu'aux réueries d'vn homme endormy, & l'on diroit qu'ils viennent plustost de la partie raisonnable, que de la partie sensitiue. Mais parce que mesme dans le repos & dans le sommeil, les gens de bien & les sçauans sont meilleurs & plus sages que les méchans & les stupides; leurs songes sont aussi plus reglez, & plus raisonnables : Mais les resueries de la pluspart des hommes n'ont aucun sens, aucune forme, ni aucune liaison, on les doit oublier dès qu'on s'éueille, & les chasser auec le sommeil.

Quoy qu'il semble qu'il n'y ait rien de plus vain que les réueries ; neantmoins les mensonges ont encore ie ne sçay quoy

Des mensonges.

C iij

de plus creux, & de moins reel. En effet, on a eu quelque ombre, & quelque sentiment de ce qu'on a veu en dormant ; mais le mensonge n'a jamais eu aucune ombre, ni aucune image : C'est pourquoy il est plus ridicule d'abuser de l'attention de la compagnie pour luy conter des mensonges, que pour l'entretenir de rêveries. D'abord les mensonges sont receus comme des veritez ; mais à la fin les menteurs se font connoistre, & non seulement on ne les croit plus, mais mesme on ne les écoute plus : parce qu'on sçait que leurs paroles n'ont aucune substance en elles-mesmes ; On sçait qu'à proprement parler elles ne signifient rien, & on les regarde plustost comme des souffles que comme des paroles. Sçachez qu'il y a de certaines personnes qui ne mentent pour aucun mauuais deſſein, ni meſme pour leur propre vtilité, ni pour nuire aux autres, ni pour faire honte à qui que ce ſoit: mais ſeulement pour auoir le plaiſir de mentir:& parce que le menſonge leur plaiſt: comme ceux qui n'ayant aucune ſoif, ne boiuent que parce qu'ils ayment le vin. Il y en a d'autres qui mentent par vaine gloire, ils ſe vantent touſjours d'auoir ce qu'il y a de plus merueilleux, & veulent ſe faire paſſer pour des gens d'importance. Il y en a meſme qui mentent en ſe taiſant, c'eſt à dire qu'il y a des actions menſongeres. N'en voyons nous pas tous les iours qui eſtant de mediocre, ou de baſſe condition vſent d'vn certain faſte dans toutes leurs façons de faire? marchent auec vne grauité contrainte, parlent d'vn ton de Maistre, en sorte qu'on diroit qu'ils vont haranguer, & qu'ils sont assis dans le Tribunal ; ils ont vn port si affecté qu'il est insupportable. Il s'en trouue qui ne sont pas extrémement accommodez, & qui portent des habits tous couuerts de passemens, & de rubans, qui ont les doigts embarassez de pierreries, & des chapeaux tout chargez de plumes, en sorte que cette pompe seroit mal-seante aux plus grands Seigneurs. Toutes ces façons sont des-agreables, elles sont pleines de faste, & de vaine gloire, & ne peuuent venir que d'vne ame enflée d'orgueil, & d'vne sotte vanité. On sçait que dans les villes les mieux reglées, les loix ne permettent pas que les riches soient beaucoup plus superbe-

Du faste, & de la vanité.

ment vestus que les pauures,
parce que ceux-cy croyent
receuoir vn outrage quand les
riches portent iusques sur leurs
habits les marques de leur grandeur. Il faut donc bien prendre
garde de ne s'attacher pas à ce
faste, qui n'est qu'vne bagatelle.

Les honnestes gens ne se doi- De ceux
uent point vanter de leur no- qui se
blesse, ni de l'honneur qu'ils ont piquêt
receu, ni de leurs biens, en- blesse.
core moins de leur esprit, de
leurs actions, de leur vaillance,
ni parler de la grandeur de leurs
ancestres, les compter à chaque
moment, comme plusieurs ont
accoustumé de faire ; parce que
si ceux auec qui l'on conuerse
se pretendent nobles, riches, &
vaillans, c'est en quelque façon
vouloir disputer auec eux de
vaillance, & de noblesse ; s'ils
sont de moindre condition, c'est

C v.

leur reprocher leur bassesse, & leur misere. Cela déplaist indifferemment à toute sorte de personnes. On ne doit donc ni trop s'abbaisser ni trop s'esleuer, mais si l'on se trouve obligé de parler de ses auantages, il vaut mieux en oublier quelques-vns, que de les augmenter par son discours; Car vn homme doit estre modeste quand il parle de luy-mesme.

De la fausse modestie.

Ce n'est pas que ceux qui s'abbaissent par des paroles trop humiliantes, qui refusent des honneurs qui apparemment leur sont deûs, ne fassent paroistre en cela plus de vanité que ceux qui vsurpent des honneurs qui ne leur appartiennent pas. C'est pourquoy on pourroit dire que cet illustre Peintre Giotto ne merite pas beaucoup de gloire pour auoir

Decameron 6. iournée nouuelle 5.

refusé d'estre appellé Maistre, puis qu'il estoit sans doute le meilleur Maistre de son temps. Mais enfin soit qu'on le doiue loüer ou qu'il soit blasmable, il est certain que celuy qui fuit ce que les autres poursuiuent, montre par là qu'il blasme, ou qu'il méprise tous les autres : Car de mépriser l'honneur que tous les hommes estiment tant, c'est en quelque façon vouloir s'éleuer au dessus de tout le monde, & s'estimer plus que le reste des hommes, puis qu'il n'y a personne qui refuse les choses qui paroissent estimables, s'il ne croit posseder quelque autre chose de plus grand & de plus precieux. Nous ne deuons point nous vanter de nos biens, ni de nos bonnes qualitez; Mais nous ne deuons pas aussi les mépriser, parce que l'vn est comme vn reproche des defauts de ceux auec qui nous sommes, & l'autre est vn mépris de leur vertu. Il est donc bon de ne point parler de nous mesmes, & si l'occasion nous force d'en dire quelque chose, il faut dire la verité, mais auec modestie. C'est pourquoy ceux qui tâchent de paroistre agreables, doiuent bien prendre garde de n'imiter pas des personnes qui disent leur auis, auec tant de crainte, sur toutes sortes de propositions, que c'est vne peine insupportable que de les entendre, si d'ailleurs ce sont des personnes sages & intelligentes. Messieurs, disent-ils, vous pardonnerez à mon peu d'eloquence, ie parleray grossierement selon mon petit sens, comme vne personne qui est peu éclairée, ie suis asseuré que vous vous

rirez de ce que ie vais vous dire,
mais enfin ce n'est que pour
vous obeïr. Ils se donnent tant
de peine, & font de si longues
prefaces, que les questions les
plus subtiles seroient terminées
auant qu'ils ayent entré en matiere, & ils ne peuuent iamais pousser à bout ce qu'ils
veulent dire. Ceux-là sont aussi
fort ennuyeux, & mentent par
leurs actions, qui dans la conuersation veulent tousiours paroistre les derniers, & quoy
que le rang le plus honorable
leur soit manifestement deû
ils se mettent neantmoins dans
la derniere place : On a vne peine incroyable à faire monter
ces gens-là plus haut, ils se tiennent sur leurs gardes, & sont
tousiours prests à reculer comme des cheuaux ombrageux.
Certes ils joüent vn fâcheux

Des sottes cere- monies

personnage dans vne compagnie, si l'on arriue à quelque porte, ils ne veulent iamais passer les premiers, quelque chose qu'on leur puisse dire, au contraire ils s'éloignent du passage, ils se retirent, ils employent les mains, & les bras pour se mépriser eux-mesmes, & se deffendre de l'honneur qu'on leur veut faire : à chaque porte, il faut donner vne nouuelle bataille, interrompre l'entretien & se priuer de la consolation qu'on trouue dans la compagnie. Or les actions qui n'ont que l'apparence, & l'exterieur, ont esté appellées du mot de *ceremonies* qui est vn terme nouueau, & étranger, il ne faut pas s'étonner si l'antiquité ne leur a pas donné de nom, car elles ne les connoissoit pas. Ie dis donc que les ceremonies font aussi vaines, que les mensonges, & que les resueries, & parce qu'elles sont fort semblables, & que l'occasion s'est presentée d'en dire quelque chose, nous les auons méllées ensemble, dans ce petit Traité.

Les actions respectueuses dont les Ecclesiastiques se seruent à l'Autel & à l'Office diuin, pour témoigner l'honneur qu'ils rendent à Dieu, & aux choses Saintes, s'appellent proprement ceremonies. Mais ce terme a vne plus grande étenduë depuis que les hommes ont commencé à s'honorer l'vn l'autre par de certaines grimaces artificieuses, à s'appeller Maistres & Seigneurs, à se ployer & à se faire la reuerence pour se donner des marques de respect, à découurir leurs testes pour se

saluer, à se nommer par des titres recherchez, & a se baiser
les mains comme si elles estoiēt
sacrées. Et parce qu'vne si sotte
coustume ayant esté long-
temps inconnuë, n'auoit point
encore de nom, Socrate fut le
premier qui l'appella ceremonie. Pour moy ie croy qu'il luy
donna ce nom par raillerie, comme on dit qu'vn homme triom-
phe quand il insulte, ou qu'il rit
auec trop d'éclat. Il y a apparence que cette coustume n'est point
de nostre païs, mais qu'elle est
étrangere, & barbare, & qu'elle
a esté depuis peu apportée en
Italie, qui n'estant presente-
ment que l'ombre de ce qu'elle
a esté autresfois, estant décheuë
de son premier éclat, & reduite
dans le dernier abbaissement, ne
tâche de se soustenir, & de s'éleuer que par des paroles pōpeuses

Des vaines ceremonies

dans la conuersation.

& des titres superflus.

Les ceremonies à l'égard de ceux qui s'en seruent, ne sont donc qu'vne vaine apparence d'honneur, & de respect, qu'ils rendent aux personnes à qui ils les font, elles ne consistent que dans l'exterieur, & dans de certaines paroles dont on exprime des titres, & des qualitez specieuses. Ie dis qu'elles sont vaines, parce que souuent nous honorons en apparence des personnes pour lesquelles nous auons plustost du mépris que de l'estime, & neantmoins parce que la coustume le veut ainsi, nous les traitons de Monseigneur, & de vostre Excellence, & nous faisons des offres de seruice à des gens qui nous sont fort indifferents, & que mesme nous aymerions mieux desobliger que seruir. Les ceremonies ne seroient pas seulement des mensonges comme nous auons dit, mais mesmes des crimes, & des trahisons, si ces paroles, & ces titres dont on se sert n'auoient perdu leur premiere force, & si leur trempe, s'il faut ainsi dire, ne s'estoit amolie à force de les mettre en œuure: Mais on ne doit pas les considerer si exactement que les autres paroles, ni les prendre à la rigueur; Et cela est si vray, que nous l'éprouuons tous les iours, car si nous rencontrons quelqu'vn, & que par quelque hazard nous entrions en conuersation auec luy, sans auoir aucune considération de son merite, pourueu qu'il soit vn peu bien mis, crainte de dire trop peu nous en disons trop, nous le traittons de Gentil-homme, & de Monsieur, quoy que ce ne soit peut-estre

dans la conuersation. 67

qu'vn Cordonnier, ou vn Barbier. Autrefois on auoit coûtume d'auoir des titres, & des qualitez distinguées par le priuilege du Pape, ou de l'Empereur, on ne pouuoit passer sous silence ces qualitez, sans faire outrage à ceux qui auoient le priuilege, comme on ne les pouuoit pas attribuer sans raillerie à ceux qui ne les auoient pas: Mais aujourd'huy nous ne deuôs faire aucune difficulté d'vser de ces titres, & de ces marques d'honneur, parce que l'vsage qui est le maistre en ces sortes de choses, en a esté fort liberal, & en a donné le priuilege à toute sorte de personnes. Cette coûtume qui est donc si belle, & si pompeuse à l'exterieur, n'est que vanité au dedans, elle ne consiste qu'en des grimaces & en des apparences sans effet, en des paroles sans signification; Mais quoy nous est-il permis de la changer? non certainement, puis que cet vsage est le vice du siecle, & non pas le nostre, nous sommes contraints de le suiure, & tout ce qu'on peut exiger de nous, c'est de nous en seruir auec discretion.

Nous deuons donc considerer que les ceremonies se font, ou par vtilité, ou par vanité, ou par deuoir. Toute sorte de mensonge qui se dit pour son vtilité propre est des honneste, c'est vne fraude, c'est vn crime, & c'est de ces sortes de crimes que les flateurs commettent, ils se déguisent sous la forme d'amy, ils approuuent toutes nos volontez, bonnes, ou mauuaises, non pas afin que nous leur voulions du bien, mais afin que nous leur en fassions, non pas pour nous plaire; mais pour nous tromper, & quoy que ce vice peust estre agreable dans la conuersation, neantmoins parce qu'il est nuisible & abominable en soy, les honnestes gens le doiuent éuiter. C'est donc corrompre les ceremonies, que de les faire seruir à nos interests, car pour lors ce sont de fausses carresses, & de veritables tromperies, & ceux qui ont quelque sentiment d'honneur, ne doiuent iamais en faire vn si méchant vsage. Il nous reste maintenant à parler des ceremonies qui se font par deuoir, ou par vanité.

Des ceremonies de deuoir.

On ne peut se dispenser de celles qui se font par deuoir, parce que non seulement on se rend des-agreable en ne les faisant pas, mais même on fait injure; & souuent vne inciuilité a causé de grandes querelles, car la force de l'vsage est extrême comme i'ay déja dit, & passe pour loy, en matiere de ceremonies. Ainsi quand vous parlez à vn homme qui n'est pas de la plus basse condition, & que vous le traitez de Monsieur, vous en vsez ciuilement, au lieu que si vous le traitiez de *toy*, vous luy feriez outrage, parce qu'on ne se sert de ces termes qu'auec des coquins, & auec des gens de la lie du peuple. Qu'on ne dise point que d'autres nations, & d'autres siecles ont eu d'autres coustumes : puis que c'est-là nostre vsage, & il ne faut point disputer laquelle des coustumes est la meilleure : car on n'obeït point à la bonne, mais à la nouuelle, ainsi qu'on obeït aux loix presentes, quand mesmes elles ne seroient pas bonnes, iusques à ce que le peuple, ou ceux qui ont pouuoir de le faire, les ayent changées. Il faut donc que nous sçachions exactement les actiós, & les paroles auec lesquelles on a de coustume de receuoir, de saluer, & de nommer toutes sortes de personnes suiuant l'vsage du païs où nous viuons. Ainsi l'Admiral en parlant au Roy d'Aragon le traitoit de *toy*, parce que c'estoit peut-estre la coûtume de ce temps-là, mais nous autres, quand nous parlerons, ou que nous écrirons à des Rois, nous les deuons traiter de *Vostre Maiesté*, parce que la coustume le veut, l'Admiral suiuoit l'vsage de son siecle, nous deuons obeir à la coustume du nostre. J'appelle ces ceremonies de deuoir, parce qu'elles ne dépendent pas en quelque façon de nostre vo-

lonté ni de nostre liberté, &
qu'elles sont reglées par les loix,
c'est à dire par l'vsage commun.
Or dans les choses qui ne sont
pas vicieuses d'elles-mesmes,
mais qui apparemment sont ciuiles, on doit se soûmettre à l'v-
sage, & non pas le contredire.
Quoy qu'on ne baise proprement que les Reliques, & les
choses sacrées par vne marque de respect, neantmoins si
dans le païs où vous estes, on
a coustume de dire en se quit-
tant, ie vous baise les mains, ou
ie suis vostre seruiteur, ou mesme vostre esclaue, vous ne deuez pas estre plus dédaigneux
que les autres, & soit que vous
écriuiez, soit que vous diliez
adieu, vous deuez saluer &
conduire, non pas comme la raison le veut, mais comme l'vsage
l'a étably. Il ne faut donc point
agir

agir comme on faiſoit autresfois, ni comme on deuroit faire, mais comme on agit preſentement, & non point dire de quoy eſt il Seigneur ? eſt-il deuenu mon Eueſque pour luy baiſer les mains ? Car celuy qui eſt appellé Monſieur par les autres, & qui les traite de la meſme ſorte, croit que vous le mépriſez, & que vous luy faites injure quand vous l'appellez par ſon nom, ou quand vous le traitez de Maiſtre, ou que vous luy parlez par toy.

Ces paroles, & pluſieurs autres ſemblables de maiſtriſe & de ſeruitude, ont perdu la plus grande partie de leur amertume, & comme les herbes s'attendriſſent dans l'eau, ainſi ces façons de parler ſe ſont amolies dans la bouche des hommes, & ont perdu leur plus rude ſignification, on ne les doit donc plus tant craindre comme font de certaines personnes rustiques, & grossieres, qui voudroient, que nous commençassions les lettres que nous écriuons à des Roys & à des Empereurs, en cette sorte : Si tu te porte bien & ta famille aussi, i'en suis rauy, pour moy ie suis en bonne santé; parce que les Anciens Romains en vsoient ainsi en s'écriuant : si on vouloit croire ces Messieurs, on feroit reuenir peu à peu le siecle dans lequel les hommes ne viuoient que de glan. Pour ne paroistre ni vain ni superbe, il faut obseruer quelque regle dans les ceremonies qui se font par deuoir. Premierement, il faut auoir égard au païs où l'on est, parce que les coustumes changent differemment selon les differentes contrées.

Par exemple on vit d'vne autre façon à Naples, qui est vne ville remplie de personnes de condition, & de Barons de consequence, qu'à Lucques, ou à Florence, qui sont deux villes marchandes, où il n'y a que de petits Gentils-hommes, & où il n'y a ni Princes, ni Marquis, ni Barons. Ainsi qui transporteroit chez les Florentins ces façons de faire seigneuriales, & pompeuses des Napolitains, elles y seroient superfluës, & ce seroit faire la mesme chose que si l'on vouloit vestir vn nain des habits d'vn geant : Au contraire la noblesse de Naples se croiroit miserable, si elle estoit contrainte de viure à la façon des Florentins. Et quoy que les nobles Venitiens se respectent, & se fassent beaucoup de ciuilitez flateuses les vns aux autres à cause de leurs charges, & du pouuoir qu'ils ont dans les Assemblées, il ne seroit pas à propos que les Habitans de Rouigue, ou les Bourgeois d'Asole se respectassent auec la mesme pompe, & la mesme solemnité. Ce n'est pas si ie ne me trompe que tous ceux de cette contrée n'aiment trop les complimens, & les caioleries, comme ayant beaucoup de loisir, ou s'y estans instruits à Venise qui est leur capitale: Car on suit d'ordinaire les traces de son Souuerain, mesmes sans en sçauoir la raison. D'ailleurs, il faut auoir égard au temps, à l'âge, à la condition de celuy auec lequel nous sommes obligez de nous seruir de ceremonies. Auec les gens occupez, il faut presque les retrancher tout à fait, on les accourcir autant qu'il est possible, & leur témoigner plustost du respect par quelque signe exterieur, que par vn compliment. C'est ce que les Courtisans de Rome sçauent si bien faire : Mais il y a des païs où les ceremonies se meslent iusques parmy les affaires, & y apportent beaucoup de trouble, & beaucoup de retardement. Couurez-vous, dira vn Iuge fort embarassé d'affaires, & qui n'a du temps qu'à moitié, & vne partie apres auoir fait quelque reuerence, & gratté la terre de ses pieds répond doucement, Monsieur, ie suis bien comme cela : mais couurez-vous donc repete le Iuge, & le Plaideur apres s'estre tourné de deux ou trois costez, se ploye enfin iusques à terre, & répond auec beaucoup de grauité, Monsieur, ie vous prie de me laisser faire

Des ceremonies à contretemps.

mon deuoir. Cette contestation est quelquefois si longue, & consume tant de temps, qu'il n'en auroit guere fallu dauantage au Iuge pour expedier la pluspart de ses affaires. Ainsi quoy qu'il soit du deuoir des particuliers d'honorer les Iuges, & les autres personnes qui ont quelque rang, neantmoins il y a de certains temps qui ne peuuent souffrir les longues ciuilitez, alors il faut les faire fort courtes, ou les éuiter entierement. Les ceremonies dont se seruent les personnes vn peu âgées, ne sont pas propres aux jeunes gens, non plus que les ceremonies des Grands Seigneurs ne sont pas à l'vsage des personnes de mediocre, & de basse condition. Les personnes d'vne eminente vertu n'ayment pas les ceremonies, & ne cherchent pas qu'on leur en fasse, aussi ils n'en font pas beaucoup, car ils ne veulent pas s'appliquer à des choses si vaines. Les artisans, & les gens de la plus basse condition ne doiuent pas s'en seruir auec les grands Seigneurs; car ils les méprisent de leur part, ils n'en font point de cas, & croyent deuoir pluftost attendre de ces gens-là de l'obeïssance que de l'honneur. Ainsi vn seruiteur commet vne faute quand il fait vne offre de seruice à son Maistre, qui peut prendre cet offre de seruice pour vn affront, & croire que son valet veut traiter d'égal auec luy, & agir, comme s'il n'auoit pas droit de commandement. Il faut vser liberalement des ceremonies, car si vous n'en faites precisément que ce que vous deuez, les autres le prennent pour vn payement, & vous en ont vn peu d'obligation: Mais ſi vous en faites dauantage que l'exacte ciuilité ne vous oblige, pour lors il ſemble que vous donniez du voſtre, vous vous faites aimer, & vous paſſez pour galant homme. Ie me ſouuiens d'auoir apris qu'vn illuſtre Poëte Grec diſoit ordinairement, que celuy qui ſçauoit carreſſer pouuoit faire vn grand gain à peu de frais. Vous ferez donc à l'égard des ceremonies, comme vn Tailleur fait à l'égard des habits, il les taille vn peu plus grands que plus petits, mais neantmoins il ne taille pas vne chauſſe auſſi grande qu'vn ſac, & n'y met pas tant d'étoffe que dans vn manteau. Ainſi vous ferez vn peu plus de ciuilité que vous ne deuez, en vſant de cette ſorte auec les per-

sonnes de moindre condition
vous passerez pour ciuil, & auec
des gens qui sont de plus haute
condition pour poly, & pour vn
hôme bien-fait. Mais si vous allez
iusques dans l'excez, si vous les
prodiguez, vous passerez pour vn
homme vain, & leger, ou peut-
estre pour quelque chose de pi-
re, ie veux dire que vous pourrez acquerir la reputation d'vn
trompeur, ou d'vn flatteur : c'est
ce qu'on appellé proprement
plyer & estre complaisant pour
ses interests. C'est le plus abominable de tous les vices, le
plus lâche, & le plus indigne
d'vn Gentil-homme, & c'est-là
cette troisiéme sorte de ceremonies qui sont vn effet de la volonté, & non pas de l'vsage.
Souuenons-nous donc de ce que
nous auons dit au commencement, que les ceremonies n'o-

ſtoient pas neceſſaires, qu'on pouuoit fort aiſement s'en paſſer, & meſme qu'elles eſtoient inconnuës à noſtre nation il n'y a pas long-temps : Mais cette maladie eſt deuenuë contagieuſe, & nos voiſins nous l'ont donnée auec pluſieurs autres. Apres que nous auons obey à l'vſage, ſi nous paſſons outre, c'eſt vne ſuperfluité, vn menſonge permis par la couſtume ; mais deffendu par la raiſon, & des-agreable à des eſprits bien-faits, qui ne ſe repaiſſent ni de fumée ni d'apparence. Comme ie voulois mettre ce petit Traité au iour, ie ne me ſuis pas entierement confié à moy-meſme. i'ay pris conſeil des plus honneſtes gens, & des plus ſçauans, i'ay appris qu'OEdipe, qui eſtoit aueugle, rencontra vne de ſes filles nilées Theſſos

Roy d'Athenes, où il se refugioit pour éuiter la persecution de ses ennemis, & l'ayant reconnuë à la voix, l'affection que la nature inspire à la pluspart des peres, le porta à la carresser auparauant que d'auoir salué Thesée: Mais ayant fait reflexion, qu'il estoit en la presence du Roy d'Athenes, il voulut luy en faire des excuses; le Roy luy répondit fort sagement, consolez-vous Œdipe, je ne tire pas ma gloire des deuoirs que ceux de mon rang exigent, mais plûtost de mes actions; ce sentiment estoit digne de ce grand Prince, & de l'immortalité. Quoy que les hômes soient fort aises d'estre honorez, neantmoins quand ils s'apperçoiuent qu'il y a de l'artifice & du dessein dans l'honneur qu'on leur rend, ils s'en degoûtent bien-

Que la flatterie est choquante,

D vj

tost, & mesme le méprisent, parce que les flatteries êtrc leurs autres deffauts ont encore celuy-cy; elles font voir que celuy qui s'en sert, a peu d'estime pour ceux qu'il carresse, qu'il les prend pour des hommes vains, & arrogants; ou pour des esprits grossiers, simples, & aisez à tromper. Mais certainement les ceremonies vaines, & recherchées sont des flatteries qui sont assez manifestes, tout le monde les connoist, & outre que ceux qui s'en seruent découurent leur malice, ils se rendent encore ennuyeux.

Il y a vne autre sorte de gens à ceremonies, ceux-cy en font vn art, vn commerce, & en tiennent registre. Il faut faire vne reuerence à telle sorte de gens, à d'autres vn soustris; les personnes qui seront de plus grande condition se mettront dans des fauteüils, les autres sur des chaises. Ie pense que ces ceremonies ont esté apportées d'Espagne en Italie, mais nostre terroir les a mal receuës, elles ne s'y sont gueres prouignées, cette distinction de noblesse est trop fâcheuse, & personne sans doute ne se doit faire juge pour decider lequel est le plus, ou le moins noble.

C'est en vser comme les coquettes que de vendre les ceremonies, & les carresses, i'ay veu plusieurs Seigneurs qui tâchoient de ne donner point d'autres gages à leurs mal-heureux domestiques. Certainement tous ceux qui se plaisent à faire des complimens au delà des bornes que l'vsage a marqué, les font par legereté ou par vanité, ce sont des gens de peu d'esprit qui apprènent auec beaucoup de soin ces bagatelles, parce qu'elles sont aisées, & qu'elles ont quelque eclat ; mais qui ne peuuent venir à bout des choses plus éleuées, & plus serieuses, ils sont trop foibles pour vn poids si pesant, ils voudroient que toute la conuersation se passast en complimens, & en badineries, parce qu'ils ne sçauent autre chose, & qu'ils ne cachent aucun suc sous vne écorce si polie : Ce sont de ces fruits qui ont belle apparence, & que vous trouuez pouris quand vous les touchez, ils souhaiteroient qu'on ne les vist que dans le premier abord, & qu'on ne penetrast pas plus auant. Il y a beaucoup de ces sortes de gens parmy le monde. Il y en a quelques-vns qui se seruent do complimens, & de beaucoup de ceremonies, pour cacher sous cette foule de paroles les deffauts d'vn naturel bas, rustique & malin, se figurant qu'on ne les pourroit souffrir s'ils estoient aussi sauuages dans leurs paroles, que dans leurs actions. C'est asseurément que c'est pour l'vne de ces deux raisons qu'on en voit tant qui aiment les ceremonies superfluës, lesquelles sont ennuyeuses à la pluspart des hommes, dautant qu'elles les empeschent de viure à leur mode, & qu'elles leur ostent la liberté, qui est la chose du monde que l'on cherit dauantage.

On ne doit point dire du mal de qui que ce soit, quoy qu'il semble que l'enuie que l'on se porte les vns aux autres, fasse qu'on se plaist à ces sortes d'entretiens, car tout le monde

De la mesdisance.

fuit les medisans, ce sont des taureaux qui heurtent, personne n'en ose approcher: on craint la familiarité de ces gens-là, parce que chacun croit que quand il n'est pas present, il n'est pas plus épargné que les autres.

Passons à d'autres importuns, qui s'opposent à chaque parole que vous leur dites, qui vous font cent questions, & qui contredisent eternellement: Ceux-là font bien voir qu'ils ne connoissent pas la nature de l'homme, puis qu'ils ignorent que chacun aime la victoire iusques dans la conuersation, & qu'on craint autant d'estre vaincu par les paroles, que par les actions. D'ailleurs s'opposer si facilement à l'opinion des autres, c'est plustost vne action de haine que d'amitié. C'est pourquoy celuy qui veut

Des contredisans.

se rendre aimable, & doux dans la conuersation, ne doit pas se seruir souuent d'vn *cela n'est pas vray* ; ou d'vn *voulez-vous gager que cela est comme ie vous le dis*. Quand les choses sont de peu de consequence, il faut se rendre à l'opinion des autres, la victoire dans ces bagatelles est dangereuse, & dommageable; souuent pour demeurer Maistre dans vne question de neant, on a perdu vn bon amy, on s'est rendu ennuyeux à vne compagnie, car on éuite ces sortes de gens auec lesquels il faut estre dans vne guerre continuelle, on les appelle critiques bannaux, personnages contredisans, grands escrimeurs, & docteurs subtils. Que si par hazard on est obligé de prédre parti dans vne assemblée, & de disputer sur quelque sujet, il le faut faire doucement, & n'eftre pas fi paffionné pour la victoire qu'on ne puiffe fe refoudre de la laiffer emporter aux autres, & foit que l'on ait tort, ou raifon, il faut fe rendre au fentiment du plus grand nombre, ou des plus importuns. Il faut les laiffer maiftres du champ de bataille, & n'eftre pas de ceux qui fe debattent extraordinairement, qui fuent, & qui fe mettent hors d'haleine. Toutes ces façons font incommodes, & ne font point les actions d'vn homme qui a vn peu de politeffe, elles attirent la haine, & l'inimitié, elles font ennuyeufes, & desagreables, à des efprits bien tournez, comme nous ferons voir dans la fuite. Mais la plufpart des hommes font tellement amoureux d'eux mefmes qu'ils ne fe mettent point en peine de plaire aux autres, & afin de paroistre gens d'esprit, subtils, & sages, ils conseillent, ils reprennent, ils disputent, ils ont toujours l'épée à la main pour s'éleuer des trophées, ils ne sont iamais de l'aduis des autres, & ne suiuent que leur propre sentiment.

Il ne faut iamais donner conseil quand on ne le demande pas : car c'est se croire plus sage que celuy que l'on conseille, c'est en cette façon luy reprocher son peu d'esprit. Ainsi vous ne deuez pas indifferemment donner conseil à tous ceux de vostre connoissance, mais seulement à vos plus chers amis, aux personnes qui sont sous vostre conduite : neantmoins vous le deuez donner à toute sorte de personnes, mesme aux étrangers quand vous voyez vn peril eui-

De ne pas dôner côseil à ceux qui ne le demandêt point, s'ils ne sont intimes amis.

dent qui les menace. Mais d'ordinaire on ne doit pas estre si prodigue de son conseil, on ne doit pas trop se mesler dans les affaires d'autruy. Cette faute est fort commune, & les moins intelligens sont ceux qui y tombent dauantage, parce qu'ayans l'esprit grossier ils ne voyent pas toutes les faces que peut prendre vne affaire ; Ils ne deliberent pas long-temps, & n'ont pas de peine à se déterminer, parce qu'ils ne voyent qu'vn party à prendre. Mais quoy qu'il en soit, ceux qui sement leurs conseils, & les offrent à tout le monde, monstrent par là qu'ils croyent auoir beaucoup de sens, & qu'ils sont persuadez que les autres en ont peu. Quelques-vns sont si amoureux de leur propre sagesse que c'est les quereller, que de ne pas suiure leurs sentimens, & bien, disent-ils, on ne veut prendre l'aduis que des grands Seigneurs, vn tel veut faire à sa fantaisie, il ne m'écoute pas. N'estes-vous pas plus arrogant de vouloir qu'on obeïsse à vostre conseil, que n'est vostre amy de ne le vouloir pas suiure ? Il y en a encore qui commettent vne faute semblable à celle-cy, ils se meslent de reprendre & de corriger les defauts de tout le monde, ils veulent donner des Arrests definitifs sur toutes sortes de choses, & imposer à chacun la loy de ce qu'il doit ou ne doit pas faire. Vous ne deuriez pas faire vne telle chose ; vous 'auez dit vne telle parole ; ostez cette vilaine habitude ; des-accoustumez-vous de parler ainsi ; Le vin que vous beuuez n'est pas sain, il deuroit estre clairet ; il faudroit

Des critiques.

vous seruir d'vn tel remede, & de telles pillules. Ils ne finissent iamais de reprendre, & de corriger. Que ne laissent-ils aller les choses comme elles vont ; pourquoy s'arrester à défricher le champ de leurs voisins pendant que leurs terres sont pleines de ronces, & d'orties? Mais il n'y a rien de si importun que de les entendre. Et comme il y a peu de monde, & mesme qu'il n'y a personne qui vouluft passer toute sa vie auec son Confesseur, auec son Medecin, & beaucoup moins auec le Iuge de toutes ses fautes ; ainsi il n'y a qui que ce soit qui se hazarde d'auoir familiarité auec ces critiques vniuersels, parce que chacun aime sa liberté, & il faut se resoudre de la perdre, & de viure auec eux comme si c'estoient vos Maistres. C'est donc vne mauuaise habitude d'estre tousiours prest de corriger & de faire des leçons, il faut laisser cela aux Peres, & aux Maistres ; Le plus souuent les enfans ont encore assez de peine à souffrir les reprimandes de leurs peres, & on sçait qu'ils se tiennent le moins qu'ils peuuent auprés d'eux.

Il ne faut iamais se mocquer de qui que ce soit, non pas mesmes de ses ennemis, il semble que les mocqueries soient plus méprisantes que les injures, car on ne fait injure à vn hôme que par la colere ; ou dans le dessein d'auoir quelque chose qu'il possede, or on ne souhaite point les choses pour lesquelles on n'a aucune estime ; on ne se met point en colere ni contre les personnes pour lesquelles on n'a aucune

Des mocqueries ou railleries picquantes.

estime, ni pour les choses qu'on méprise: Ainsi l'injure marque encore quelque estime pour la personne à qui on la fait: Mais les mocqueries ou les railleries picquátes, sont des marques du dernier mépris. La mocquerie cósiste proprement à faire honte aux autres, sans qu'il nous en retienne aucune vtilité. On doit donc prendre garde de ne se mocquer de qui que ce soit, ni de reprocher à personne ses deffauts, ni par des paroles comme font quelques-vns, ni par des actions comme il y en a plusieurs qui contre-font ceux qui ont difficulté de parler, qui clochent, ou qui ont la taille mal-faite: Ils se figurent estre fort diuertissans, & faire beaucoup rire la compagnie en se mocquant d'vne personne petite, difforme, ou mal-mise, ou de quelque sottise

tife que quelqu'vn aura dite.
Tous les honnestes gens ont
auersion pour ces façons de faire, & ne se plaisent point à faire
rougir les autres.

 Ceux qui se diuertissent à fai- Des
re des pieces non pas par mé- raille-
pris, ni pour se mocquer, mais ries in
seulement pour passer le temps, nocen-
approchent fort des mocqueurs; tes.
il n'y a que le dessein, & l'intention qui les rendent differents,
& quoy que ces petites railleries
ne se fassent que par diuertisse-
mêt,& que les railleries piquantes se fassent par mépris, neantmoins on se sert d'vn même mot
pour signifier ces deux differentes choses. Celuy qui méprise
& se mocque, sent vn con-
tentement de la confusion qu'il
vous a faite. Au contraire celuy
qui ne vous joüe que pour se diuertir, seroit fasché de vous auoir

E

poussé trop loin, & de vous auoir fait confusion, Il me souuient d'auoir leu dans mon enfance, que quoy que Micion s'étonnast luy-mesme de l'amitié qu'il auoit pour Esquine, neantmoins il prenoit plaisir à le railler & à luy faire des pieces; comme quand il dit, il faut que ie me ioüe vn peu de luy. Ainsi la mesme piece faite à vne mesme personne peut estre vne raillerie faite par mépris, ou par diuertissement, selon l'intention de celuy qui la fait, & parce que nostre dessein ne peut pas estre bien connu, il est bon de ne nous pas seruir trop souuent dans la conuersation de ce délassement d'esprit. Il faut fuir cet art douteux, & suspect, & ne point rechercher de passer pour vn faiseur de pieces, ny pour vn railleur; Car il arriue

Dans les adelphes de Terence.

souuent icy comme à ceux qui folastrent, & qui se donnent des coups pour rire; l'vn frappe par plaisir, l'autre prend le coup pour vne injure, & d'vn diuertissement il s'en fait vne querelle. Ainsi celuy à qui on fait quelque piece par diuertissement, & par familiarité s'en fasche quelquesfois, & croit que c'est luy faire honte: car enfin toutes ces pieces, quelques petites qu'elles soient, sont toûjours des tromperies, & personne n'aime de passer pour dupe. Celuy qui veut plaire, & qui veut estre bien receu parmy toute sorte de monde, ne doit donc pas souhaiter de passer pour sçauant, & fort adroit en ces sortes de tromperies. Il est vray que la vie seroit bien ennuyeuse, si nous n'auions quelque delassement, ou quelque repos, & parce que ces petites pieces font rire, nous aimons naturellement ceux qui ont cette sorte d'esprit badin, enjoüé, & diuertissant. Il est donc bon de sçauoir quelquefois faire de ces petites tromperies, & de sçauoir railler. Certainement les esprits qui peuuent inuenter des pieces agreables, & qui ne sont point piquantes, sont plus aimables que ceux qui n'ont pas cette adresse : mais il faut auoir égard à plusieurs choses, car quoy que l'intention de celuy qui raille ne soit que de se diuertir de la faute de ceux dont il fait quelque estime, neantmoins il faut qu'il prenne bien garde de ne les pas faire tomber dans vne faute si grande qu'il leur en puisse arriuer quelque honte, ou quelque perte remarquable, autrement il n'y auroit aucune difference entre les injures, & les railleries innocentes. Il y a des personnes, qui sont si seueres & si rudes, qu'on ne doit iamais railler auec elles.

Il ne faut point se railler dans des choses serieuses, ni rechercher ce diuertissement dans les actions criminelles, c'est proprement faire vn ieu de la méchanceté, quoy qu'il ait esté auantageux à Madame Philippe de Prato, de tourner en raillerie les plus sales actions de sa vie, neantmoins c'est vn dangereux exemple, que Bocace nous a donné. Et pour moy ie pense que Lupo d'Vberti augmenta plustost sa honte, que de la diminuer, quand il dit en raillant que les loups n'auoient pas de coustume d'estre enfermez, pour s'excuser de la lascheté qu'il

Du choix du sujet des railleries.

Decameron 6. iournée 6. nouuelle.

E iij

auoit faire en rendant le Chasteau de Laterina dés qu'il vit qu'on l'assiegeoit, quoy qu'il peust encore tenir long-temps : Car enfin il n'est point temps de railler quand il n'y a point de sujet de rire. D'ailleurs, il faut sçauoir qu'il y a de certains mots piquants, & qu'il y en a qui ne le sont pas, il faut suiure en cela ce que nous enseigne fort sagement Lauretta, qui dit que les morsures de la raillerie doiuent pluftost estre semblables aux morsures des agneaux qu'à celles des chiens. En effet, si les playes en estoient trop profondes, ce ne seroient plus des railleries, mais des injures, lesquelles dans toute sorte d'Estats sont sujetes à la seuerité des loix, & peut-estre qu'il seroit à souhaiter que les loix eussent étendu leurs punitions iusques sur

Des conditiõs de la raillerie.

ceux qui offencent par des railleries trop piquantes: Mais les honnestes gens doiuent le faire vne loy de la raison, & les piqueures de leurs railleries doiuēt estre rares, & legeres. Outre toutes ces conditions il faut encore que la raillerie soit delicate, & subtile, soit qu'elle soit choquante, ou non; car si elle est fade, elle ne donne aucun plaisir, & si la compagnie rit c'est plustost du railleur que de la raillerie, laquelle n'estant qu'vne certaine tromperie subtile, & artificieuse, ne peut estre bien faite que par des esprits delicats, prompts, & qui fournissent sur le champ. Mais les personnes qui ont l'esprit grossier, & materiel, ne doiuent pas s'en mesler. Il y en a mesme qui ont du feu, qui ont l'imagination feconde, & qui n'y reussissent pas, peutest-ce que Bocace n'auoit pas cette sorte d'esprit. Toute la bonté des railleries ne consiste que dans la promptitude, dans la gentillesse, & dans vn certain mouuemēt impreueu de l'esprit, c'est pourquoy les personnes sages ne doiuent pas regarder s'ils ont enuie de railler, mais seulement s'ils ont disposition à la raillerie. Qu'ils éprouuēt leurs forces deux ou trois fois, s'ils voyent qu'ils n'y sont pas nez, & que leur esprit ne se tourne pas de ce costé-là, qu'ils abandonent la raillerie, de peur de s'ériger eux-mesmes en ridicules. Si vous prenez garde aux façons de faire de la pluspart du monde, vous trouuerez que ce que ie vous dis est vray; qu'il y en a plusieurs qui voudroient bien railler, mais qu'il y en a peu qui le puissent faire agreablement.

De la delicatesse des railleries.

Vous en verrez, qui ont toûjours à la bouche de méchantes équiuoques, ou de vieilles allusiôs, qui n'ont aucun sel ni aucune grace, ils font vn certain changement de syllabe qui est grossier, & ridicule. Il y en a d'autres qui affectent de faire des réponses qu'on n'entend pas, mais sans aucune subtilité & sans aucun agréement. Où est *Monsieur? il est sur ses pieds, où auez-vous disné? sous le nez.* Ces façons de parler sont basses, & populaires, comme vous pouuez voir. La pluspart des rencontres, & des railleries de Dioneo sont semblables à celles-là : Mais ne nous mettons pas beaucoup en peine si ces rencontres sont subtiles, ou grossieres, car outre qu'il y a des personnes plus sçauantes, & de meilleur esprit que ie ne suis qui

Des allusiôs grossieres.

E v

en ont fait des Traitez, il est certain que l'on voit bien-tost si les railleries sont fades, ou si elles sont agreables, & à moins que la bonne opinion que vous auez de vous mesmes ne vous aueugle, il est difficile de vous y tromper: Car si vous auez dit vn bon mot qui soit surprenant, la compagnie ne manquera pas de s'éclater de rire, & si apres vostre rencontre on demeure serieux, c'est vne marque qu'on la trouue foible, & qu'on ne l'approuue pas, ainsi vous deuez vous empescher de railler dauantage. Ne dites point que c'est la faute de ceux qui écoutent, c'est assurément la vostre: car on ne peut s'empescher de rire lors qu'on y est excité par quelque demande subtile, ou par quelque réponse surprenante, & impreueuë, mesme quand on ne le voudroit pas, on éclate malgré qu'on en ait. La compagnie iuge donc souuerainement de ces sortes de choses ; Les jugemens qu'elle en donne sont certains, & on n'en doit point appeller deuant soy-mesme, mais sur tout, il ne faut pas tenter vne seconde raillerie. Au reste on ne doit point dire des paroles, ni faire des actions basses, elles ne sont iamais bienseantes à vn honneste homme, on ne doit donc iamais se détourner les yeux, se contre-faire soy-mesme auec des postures, & des grimaces indecentes, c'est vne artifice de bouffons, & de basteleurs. Il faut laisser ces façons de faire aux farceurs, & à ceux qui n'ont point d'autre profession que de faire rire. Il ne faut donc point faire le folastre & l'emporté : mais on doit prendre son temps pour dire si l'on peut quelque chose de nouueau, de surprenant, & qui n'ait point encore esté pensé par les autres ; que si l'on n'a pas cette sorte d'imagination, il faut se taire, parce que les bonnes rencontres sont de certaines saillies d'esprit, lesquelles estant subtiles, & agreables, sont des marques de l'adresse, & de l'vrbanité de celuy qui les dit, elles font qu'il plaist à tous les honnestes gens, & qu'il est chery dans toutes les compagnies : Mais si elles ne sont pas bien receuës, elles font vn effet tout contraire. On se figure voir vn asne qui veut rire, vn gros rustre noyé dans la graisse qui veut danser sur la corde.

Des nouuelles

Il y a encore vne autre maniere de plaire dans l'entretien, celle-cy ne consiste pas dans ces rencontres surprenantes, qui doiuent estre courtes; Mais dans vn discours étendu & continué, où l'on remarque beaucoup d'ordre, vne expression agreable, qui represente l'air, les actions, les gestes, & les coustumes de celuy dont on parle, en sorte que ceux qui écoutent sont en quelque façon enchantez, & se figurent voir les actions mesmes, & non pas en entendre vne simple narration. C'est ce que la galante troupe de Bocace fait si agreablement, elle y reussit mesme trop bien, & mieux ce semble, que ne deuroit faire vne compagnie de Gentils-hommes, & de Dames, on diroit quelquesfois que ce sont des Comediens qui recitent leurs rooles. Lors que vous voudrez vous rendre agreable par cette voye, il faut auoir quelque auan-

ou histoires agreables.

ture, quelque nouuelle, ou quelque histoire, qui soit bien presente dans vostre esprit, & dont vous ne cherchiez point les noms, afin que vous ne soyez pas obligé de dire à chaque moment cette chose, celuy-là comment s'appelle-t-il ; comment se nommoit cette chose-là ; aidez-moy à le dire ; faites-moy souuenir comment il se nomme, c'est là proprement faire comme le Caualier de Madame Horretta. Si vous racontez quelque euenement dans lequel il entre plusieurs noms, il ne faut pas vous seruir de ces termes, celuy-cy dist, celuy-là répondit, celuy-cy, & celuy-là, conuiennent à toute sorte de personnes, & ceux qui vous écoutent peuuent aisément se tromper, & ne se pas souuenir de ce que vous entendez par celuy-cy :

Decameron de Bocace 6. iournée nou. 1.

Mais il faut marquer par de
certains noms que vous ne chan-
gerez point ceux dont vous voulez parler. D'ailleurs, il faut
prendre garde de ne pas adjoûter de certaines circonstances
qui ne contribuënt point à l'a-
gréement de vostre histoire, &
sans lesquelles elle ne seroit
pas moins diuertissante & peut-
estre plus agreable. Comme vn
tel qui fut fils d'vn tel, qui de-
meuroit dans la ruë du Con-
combre, ne le connoissez-vous
pas ? qui se maria à vne certaine grande fille, vne certaine
maigrette, qui alloit à la Messe
à saint Laurens Quoy vous ne
le connoistriez pa? Ie suis certain que vous ne connoissez autre, vn beau vieillard droit qui
portoit vne perruque, est-ce
que vous ne vous en souuenez
point? Car enfin qu'importe que

l'auanture que vous deuez raconter soit arriuée à celuy-cy, ou à vn autre ; ce long preambule est inutile, & fort ennuyeux à ceux qui vous écoutent, qui sont dans l'impatience de sçauoir ce que vous leur voulez dire. Et c'est peut-estre vne faute à nostre Dante, quãd il a dit

Mes parens sont Lombards & tous deux de Mantouë.

Qu'auons-nous affaire, si sa mere estoit de Mantoüe, de Gatzanuole, ou de Cremone, cela ne fait rien à l'histoire?

Vn Rethoricien étranger m'a donné vn precepte qui est assez vtile touchant les nouuelles, il dit qu'on les doit composer, & mettre en ordre auec des noms feints que l'on donne ordinairement selon le caractere des personnes que l'on veut representer : Mais en les racontant, il faut mettre des noms propres selon le païs où l'on se trouue. Ainsi quand vous voudrez faire quelque histoire d'avarice, vous la composerez sous tel nom que vous voudrez ; Mais quand vous la voudrez raconter, vous choisirez dans la ville où vous estes, quelque homme connu pour estre fort auaritieux, & la pourrez raconter sous son nom. Si vous estes dans vn païs où il n'y ait point d'homme assez connu pour en faire vn personnage, il faut feindre qu'elle est arriuée dans vn païs étranger, & pour lors vous aurez la liberté d'y faire entrer quels noms il vous plaira. Il est pourtant vray que nous prenons plus de plaisir à entendre vne histoire sous le nom de personnes de nostre connoissance, parce que nous nous representons ce que l'on nous en dit comme si nous l'auions deuant les yeux, principalement si l'histoire est conforme à leurs mœurs, & à leur façon de viure, car comme nous connoissons ces gens-là, & que nous sçauons qu'ils ont coustume de faire de semblables choses, nous nous figurons l'histoire veritable, & nous nous imaginons voir l'action qu'on nous represente. Mais quand on nous parle de quelque étranger, nous ne pouuons pas si bien nous le representer, parce que nous ne le connoissons pas. Les paroles dont on se sert dans cette sorte de conuersation aussi-bien que les autres, doiuent estre si claires que personne n'ait peine à les entendre. D'ailleurs, il faut tâcher qu'elles n'ayent rien de choquant ni dans le son ni dans la signification : Ainsi vous vous seruirez quelquefois plustost du mot de sein que de celuy de ventre, ou selon que sera vostre discours, vous vous pourrez seruir du mot d'estomach, ou de corps, au lieu de ventre. De cette façon vous vous rendrez intelligible, sans representer aucune saleté à l'imagination de ceux qui vous écoutent. Ie pense que ç'a esté pour éuiter ces sortes de paroles qu'vn Poëte de nostre temps s'est seruy de ces termes pour expliquer le plus haut de nos mysteres.

Le Fils de Dieu pour sauuer tout le monde,
S'est reuestu d'vne mortelle chair,
Dans l'humble sein d'vne Vierge feconde.

Il est vray que Dante qui estoit vn fort bon Poëte, n'a pas fait grand cas de ces sortes de preceptes. Mais certainement ce n'a pas esté cette negligence qui l'a rendu illustre, il n'en a pas esté loüé: Ie ne vous conseillerois pas de le prendre pour modele dans l'Art de plaire, car il n'estoit pas fort ciuil, & l'on a écrit de luy.

Dante à cause de sa science fut vn peu presomptueux, méprisant, dédaigneux, il viuoit grossierement à la maniere des Philosophes, & ne sçauoit pas comme il faut s'entretenir auec les honnestes gens.

Ie reuiens à mon sujet, & ie dis que les termes doiuent estre clairs, il n'est pas difficile d'en trouuer quand on en sçait faire le choix: mais ne vous seruez pas de ces termes que l'antiquité approuuoit, & qui ne sont plus en vsage, qui sentent, s'il faut ainsi dire, le moisi, comme ces vieux habits dont on ne s'eſt pas ſeruy depuis long-temps. N'allez donc pas mettre en œuure, *ſouloir*, *forener*, *ſe douloir*, & pluſieurs autres dont tous les vieux Liures ſont pleins. De plus, que les paroles dont vous vous ſeruirez ne ſoient point equiuoques, ou à double entente. Or elles le peuuent eſtre de diuerſes manieres; Premierement, elles le ſont quelquefois d'elles-meſmes, comme dans cette vieille equiuoque qu'on dit à ceux qui ont mal aux dents. *Brulez voſtre chemiſe & vous n'aurez plus mal dedans*. Car dans & dents ſe prononcent de la meſme ſorte.

Secondement, elles le peuuent eſtre par leur ſituation, comme dans cette equiuoque: *Le fils de l'homme qui alloit*, &c.

Enfin elles ont pluſieurs ſens,

quand on les transporte d'vn lieu où elles sont naturelles, dans vn endroit où elles sont metaphoriques. Ces changemens sont agreables quand ils sont delicats, & faits auec adresse. Comme celuy de la Pharsalle, *C'est de là que nous vient cet art ingenieux de peindre la parole, & de parler aux yeux :* Mais quand ces changemés au lieu de donner quelques nouuelles graces au discours ne font que luy apporter de l'obscurité, on tombe dans vn vice que l'on nomme galimatias. En voicy vn exemple du réueille-matin. *Chaque respiration marque vne minute de l'horloge de nostre poulmon, en attendant que nostre dernier soupir fasse sonner la derniere heure de nostre retraite.* C'est le defaut de ceux qui ne peuuent bien penser les choses, & qui

La Serte.

dans la conuersation. 119

les veulent dire d'vne façon extraordinaire auant 'que de les auoir pensées.

Les paroles doiuent estre, s'il se peut, tellement propres au sujet dont vous entretenez la compagnie, qu'elles ne puissent s'appliquer à plusieurs autres choses ; de cette façon il semble que vous apportiez deuant les yeux les objets dont vous faites la peinture, il semble que vous les fassiez toucher au doigt, on les reconnoist par leurs propres traits, & non point par leur figure, & par leur image. Ainsi vn des anciens Poëtes à mieux dit
Et ce vin delicat petilloit dans le verre.

Que s'il s'estoit seruy du mot de sautoit, ou boüillonnoit, &c. Ainsi l'on dit mieux le frisson de la fiévre quarte que le froid ; De la viande trop grasse se doit plustost nommer dégoû-

tante que rassasiante ; & l'on dit plustost déployer des habits, & des draps, que non pas les étendre ; secoüer est plus propre, & signifie dauantage que remuer les bras. On dit la lisiere du drap, & non pas l'extremité qui est vn terme general, on dit mieux radouber vn vaisseau, que non pas racommoder. Tous ces mots sont donc plus propres, & ont vne signification plus particuliere, & plus distincte. Si pour mon malheur ce petit Traité tōboit entre les mains de quelque étranger, il diroit sans doute que ie vous enseigne à parler comme le petit peuple, ou par prouerbes : neantmoins il est certain que ces termes nous sont tellement propres, & qu'ils sont tellement de nostre païs, qu'il n'y a que ceux de nostre nation qui s'en seruent, & qui les entendent quand on les a mis en œuure.
Ainsi

ainsi chaque langue a des termes qui luy sont particuliers & qui d'ordinaire ne sont entendus que par ceux du païs ; quel étranger peut entendre ce que Dante a voulu dire par ce vers ?

Gid veggio per mezul, pordere d lucilla.

Ie croy qu'il n'y a personne qui y puisse rien comprendre que les Florentins, neantmoins l'on dit que s'il y a quelque faute, ce n'est ni dans l'expression ni dans les paroles, & le Poëte n'a manqué que parce qu'estant bizarre, il a choisi vne matiere fort difficile à exprimer, & qui n'estoit pas fort agreable à entendre. Vous ne pouuez donc bien parler auec ceux qui ne sçauent pas la langue dont vous vous seruez : Mais parce qu'vn Allemand n'entendra pas le François, vous ne deuez pas pour cela corrompre vostre langage en parlant auec luy, ni contre-faire le sien, comme il y en a beaucoup qui par vne certaine badinerie veulent toufiours parler le langage de ceux auec lesquels ils s'entretiennent. Il arriue bien souuent qu'ils disent toutes les choses autrement qu'il ne les faudroit dire. Vn Espagnol voudra parler Italien, quand il s'entretiendra auec quelqu'vn de Rome, & l'Italien fera l'Espagnol par vanité, ou par galanterie, ceux qui les écoutent ne pourront s'empescher de rire de les entendre parler vne langue qui leur est étrangere, & inconnuë. Nous ne nous seruirons donc des langues étrangeres, que lors que nous aurons besoin d'estre entendus pour quelque chose de necessaire ; Mais d'ordinaire nous parlerons en nostre langue, quand mesme elle ne seroit pas si parfaite que celle de nos voisins ; car enfin vn Lombard aura plus de grace à parler en sa langue quoy qu'imparfaite, & difforme qu'à parler Toscan, & quelque peine qu'il prenne il ne sçaura iamais les mots propres, & particuliers à chaque chose comme les Toscans, & si quelqu'vn pour se mieux faire entendre aux personnes auec qui il parle, ne se veut seruir que de termes generaux & cōmuns, il verra que son discours en sera moins beau, & moins agreable.

Vn honneste homme doit éuiter les paroles des-honnestes, elles le peuuēt estre, ou à cause de l'accent qu'on leur donne, ou à cause de leur signification. Il est cōstant neantmoins qu'il y a de certaines paroles dont la signification n'a rien de des-honneste, & dont le son a quelque

Des paroles des hónestes.

F ij

chose de sale, ce qui n'empesche pas que tout le monde ne
s'en serue, & l'vsage fait qu'on
ne songe point à leur son, mais
qu'on ne pense qu'à leur signification ; on peut se seruir hardiment de ces mots-là, il ne faut
point hesiter en les prononçant,
ni affecter de se seruir d'autres
termes. Il y a de certaines façons de parler bannies, parce
qu'elles sont equiuoques ; il n'y
a gueres d'honnestes femmes
qui voulussent se seruir de ces
paroles suspectes, elles aiment
mieux employer d'autres termes, ce n'est pas qu'il n'y en
ait d'assez imprudentes pour
parler hardiment des choses
dont elles rougiroient, si on les
nommoit en leur presence. Mais
les femmes qui veulent paroistre ciuiles, non seulement ne
doiuent rien dire de des-honne-

fte, mais mesme il faut que leurs paroles soient tellement choisies, qu'on ne leur puisse donner aucune explication des-honneste ny grossiere. Il y a dans nostre langue plusieurs termes, dont les syllables representeroient des obiets fort sales, si elles estoient separées : quand vous vous en seruirez prenez garde en les prononçant d'vne parole de n'en pas faire deux, de ne pas donner lieu à ceux qui vous écoutent d'interpreter malicieusement vostre pensée.

Il faut sçauoir que quoy que plusieurs termes puissent signifier la mesme chose, neantmoins il y a vne maniere de les dire plus honneste, & l'autre qui l'est moins : par exemple on peut dire, elle ne luy fut pas cruelle, & luy accorda ce qu'il souhaitoit, & cette mesme chose se pourroit dire en des termes

Du choix des paroles.
§.

fort sales ; vous direz pluſtoſt ſeruiteur de Madame vne telle, que non pas ſon ſauory. Ce n'eſt pas que ces deux mots ne veüillent dire l'amant ; Il vaut mieux dire par exemple la Maiſtreſſe, ou la bonne amie, que la concubine de Titon. Il eſt plus ciuil à vn honneſte homme, ou à vne honneſte femme de nommer les coquettes, des femmes du monde, comme les appelle Belle-couleur, qui eſt plus modeſte en ſes paroles qu'en ſes actions, que de les nommer par leurs noms propres, comme de dire Taïs eſt la coureuſe. Ainſi quand Bocace a dit la puiſſance des proſtituées & des garçons, il a parlé auec plus de pudeur, que s'il auoit nommé les garçons par le nom de leur meſtier, comme il a fait les femmes.

Decameron 4. iournée nou. 2.

Des expreſſions baſſes.

Non ſeulement il faut prendre garde de ne pas vſer des paroles des-honnestes, & sales, mais encore de ne pas employer des termes, & des expressions basses, principalement lors qu'on traite d'vne matiere éleuée, & qu'il faut soustenir pour la majesté du discours. Il ne faut point se seruir de certaines metaphores basses, comme d'appeller le Soleil la lampe du monde, parce que ce terme de lampe fait souuenir de la puanteur de l'huile, & de la saleté de la cuisine. Vne personne prudente ne diroit pas que saint Dominique fut le mignon de la Theologie, & ne feroit pas dire à de grãds Saints des paroles si basses cõme celles-cy; *Laissez gratter où la galle demãge.*

Ces paroles, comme vous voyez, se sont salies parmy le peuple, & dans la bouche des crocheteurs. Dans vne narration, ou dans vn raisonnement étendu, vous deuez auoir toutes ces considerations, & encore quelques autres que vous pourrez apprendre de l'vsage, & de nos Maistres de Rethorique.

Qu'il faut se seruir de paroles douces.

Au reste il faut s'accoustumer à se seruir de paroles agreables, modestes, & si douces, qu'elles n'ayent aucune aigreur. Vous direz pluftost c'est ce que ie ne sçay pas assez bien m'expliquer, que de dire c'est vostre faute si vous ne m'entendez pas. Il faut pluftost dire pensons-y vn peu, voyons si cela est comme nous le disons, que de dire tout d'vn coup, vous vous trompez; cela n'est pas vray, vous ne le sçauez pas: Car c'est vne coustume ciuile, & aimable de sembler excuser les choses que l'on reprend veritablement, & vous deuez parler de la faute de vostre amy, comme si elle vous estoit commune, il faut en prendre vostre part, & de cette sorte vous la pouuez blâmer, & vous la pouuez reprendre. Vous direz donc, nous nous sommes trompez au chemin que nous auons pris ; nous ne nous souuinsmes pas hier de faire ce que nous auions proposé, quoy qu'il n'y ait eu que luy qui l'ait oublié, & ne faites pas comme celuy, qui estant tombé dans vn bourbier, disoit à ses compagnons, vous n'estes pas bien. Ne dites iamais si vos paroles ne sont pas menteuses ; Si ce que vous dites est veritable : Car on ne doit point témoigner le doute qu'on a de la parole d'autruy, & mesme si quelqu'vn vous a promis quelque chose, & qu'il ne vous l'ait pas tenuë. Il n'est point seant de luy reprocher qu'il vous a manqué de parole, à moins que la necessité ne vous y contraigne, & que vous n'y

F v

soyez obligé pour sauuer vostre honneur. Mais s'il vous a trompé, vous luy direz plustost, vous ne vous estes pas souuenu de faire ce que vous m'auiez promis, ou vous ne l'auez pas pû, cela ne vous est pas venu dans l'esprit ; que non pas vous m'auez trompé, vous ne vous estes pas soucié de vous acquiter de vostre promesse. Ces sortes de paroles sont rudes, elles ont quelque chose de piquant, & ont le venin des plaintes, & des injures, les personnes qui ont accoustumé de s'en seruir passent pour chagrines, on craint de s'engager dans leur conuersation, de la mesme sorte qu'on éuite de s'embarasser, entre des ronces, & des épines.

Des grands parleurs. I'ay cônu de certaines gens qui ont vne si grande demangeaison de parler, que leur emportement les pousse au delà de leurs pensées, comme les leuriers que l'impetuosité emporte au delà de leur gibier. Ie ne puis m'empescher de vous donner vn conseil qui paroistra peut-estre superflu. Ne parlez iamais que vous n'ayez conceu dans vostre esprit tout ce que vous deuez dire, de cette sorte vos productions ferõt de veritables enfans, & non pas des *auortons*, qui ayent esté mis au monde auant que d'auoir esté entierement formez. Les étrangers me pardonneront cette parole, si par hazard ces bagatelles leur tombent entre les mains. Si vous ne méprisez point ce conseil, vous ne serez iamais contraint de dire apres auoir commencé vostre histoire. Augustin y viendra aussi-bien que Bernard, ou que Michel. Vous ne prierez point qu'on vous fasse souuenir des noms, vous ne serez point contraint de dire en riant ie ne l'ay pas bien raconté, mais Monsieur vous le racontera mieux : Enfin vous n'hesiterez point à chaque moment, & ne begayerez point pour trouuer vn nom, vous ne le chercherez point par de certains gestes, & de certaines grimaces qui choquent ceux qui vous écoutent.

De la voix.

Vostre voix ne doit estre ni rude, ni enrouée ; on ne doit point éclater en riant, ni pour quelque accident que ce soit, on ne doit point faire ie ne sçay quel bruit, qui ressemble à celuy que font les roües d'vn chariot. Il est vray qu'il ne dépend pas de nous d'auoir la voix douce, & la parole agreable, mais ceux à qui la nature a donné vne voix enroüée, ou begayante doiuent écouter les autres, & cacher leurs defauts par le silence, si l'étude, & l'artifice ne les peuuent pas corriger. Dans la conuersation il ne faut pas éleuer la voix comme des crieurs publics, il ne faut pas aussi parler si bas, que ceux qui vous écoutent, ne vous entendent point, & quand vous n'aurez pas esté entendu la premiere fois, vous ne deuez pas parler plus bas la seconde. Mais vous ne deuez pas aussi éleuer vostre voix si haute que ce soit vne marque que vous vous faschez de ce qu'on vous donne la peine de repeter ce que vous auiez déja dit.

Les paroles doiuent estre arrangées selon l'vsage commun, & il faut prendre garde de ne les semer pas de costé, & d'autre, comme quelques-vns ont

De l'arrangemét des termes.

accoustumé de faire par galanterie, on diroit à les entendre que c'est vn homme qui veut traduire en lisant vn ouurage Latin à demy effacé. Voicy vn exemple de cette confusion.

Qui plus de fleurs les ruisseaux
semera
Qui plus le nom de Palais
nommera,

Encore que ce desordre se souffre quelquefois dans les vers, il est tousiours des-agreable dans la conuersation.

Des entretiens pompeux. Non seulement il faut prendre garde de ne faire pas des vers en parlant, mais mesme il faut euiter la pompe des harangues, car encore qu'il s'y trouue plus d'artifice que dans les conuersations ordinaires, neantmoins ces sortes d'entretiens éleuez sont ennuyeux, il faut mettre chaque chose en sa place,

& ne point prefcher en parlant. Vn homme ne feroit-il pas ridicule de vouloir toufiours danfer en marchant, tout le monde fçait marcher, mais tout le monde ne fçait pas danfer. Il faut donc referuer ces pas mefurez pour le bal, & pour les nopces, ils ne font pas propres pour vn voyage, ainfi ces fortes de difcours fouftenus & pompeux, comme font ceux du Philocope & des autres Traitez de Bocace, à la referue du Decameron, ne font pas propres pour la conuerfation : Il eft donc ridicule de commencer vn entretien comme vne harangue, & de debuter par : *La plufpart des Philofophes croient.* Ie ne demande pas neantmoins que vous vous accouftumiez à parler cōme des gens de la lie du peuple, mais comme des perfonnes ciuiles, & qui voyët le beau monde : vous y pourrez reüſſir ſi vous prenez garde à ce que ie vous ay dit auparauant, ſi vous ne vous entretenez point d'vne matiere baſſe, ni friuole, ni ſale, ni qui ſente l'impieté, & ſi vous ſçauez choiſir les paroles qui ſont les plus pures, les plus propres, qui ſonnent le mieux, qui ont vne ſignification nette, & qui ne font ſouuenir d'aucun objet bas, laid, ni ſale. Il faut auſſi les placer auec adreſſe, ne les pas ietter à l'auanture comme elles viennent, mais ne les pas arranger auec vn artifice trop étudié. D'ailleurs, il faut partager auec iugement les choſes que l'on doit dire, & ne joindre pas celles qui n'ont aucun rapport l'vne auec l'autre, comme de dire,

L'vn eſtoit de Padoüé, & l'autre eſtoit Laique.

On ne doit pas parler auec vne lenteur pareſſeuſe, ni auec vne precipitation emportée: Mais il y faut apporter vn certain temperament, & parler comme vn homme moderé doit faire. Vous prononcerez vos paroles auec vne certaine douceur naturelle, & non pas auec l'exactitude d'vn Maiſtre d'Eſcole, qui apprend à lire ou à épeler à des enfans. Auſſi vous n'en étoufferez pas vne partie, & vous ne mangerez pas celles qui ſont liées les vnes auec les autres.

Si vous vous ſouuenez de tous ces preceptes, aſſurément voſtre diſcours ſera écouté auec plaiſir, vous aurez l'eſtime de tous ceux qui vous entendront, & vous conſeruerez la dignité & le rang qui eſt dû à vn Gentilhomme bien fait, & bien éleué. Mais reuenons à nos preceptes.

Qu'il ne faut parler ni trop viſte ni trop doucement.

Contre ․ les diſeurs de rien.

Il y a des perſonnes qui ne ſçauroient finir quand elles ont commencé, & comme vn Nauire pouſſé auec impetuoſité ne s'areſte pas dés qu'on baiſſe les voiles : ainſi il y a des gens qui ſont pouſſez par vne certaine impetuoſité qui les emporte au delà des bornes, ils ne finiſſent pas, quoy que la matiere leur manque, ils repetent ce qu'ils ont déja dit, ou laiſſent écouler vn certain débordement de paroles qui ne ſignifient rien, & la pluſpart ſont ſi importuns qu'ils ne ſçauroient ſouffrir que perſonne parle. Ils ſont comme ces poulets, que l'on voit dans des granges, qui ſe dérobent des épics les vns aux autres, & ſe les vont arracher iuſques dans le bec. Ils ont tant d'enuie d'entretenir la compagnie, qu'ils vont arracher les

Deceux qui interrompent.

paroles iufques dans la bouche des autres, & ne leur permettent iamais d'acheuer ce qu'ils ont commencé. Certainement ils fe mettent en grand hazard de fe faire quereller, car s'ils y prenoient garde, il n'y a rien qui foit capable de mettre vn homme en colere, comme de s'oppofer tout d'vn coup à fon deffein, quand mefme il ne s'agiroit que d'vne bagatelle : Il n'y a rien par exemple qui vous faffe plus de dépit que de voir qu'on vous ferme la bouche que vous auiez ouuerte pour bâiller, ou qu'on vous arrefte le bras par derriere, lors que vous l'auez leué pour ietter vne pierre. Ces actions, & vne infinité d'autres qui s'oppofent à ce qu'on veut faire auec ie ne fçay quel mépris, & ie ne fçay quelle raillerie, fe doiuent éuiter parce qu'elles déplaifent.

Dans l'entretien il faut plûtost soulager les autres que de les aller interrompre pour les empescher de parler, si quelqu'vn veut raconter vne histoire, il est ridicule de l'interrompre pour luy dire qu'on la sçait, pour sçauoir de qui il l'a apprise: que s'il y entrelasse quelques petits mensonges, il ne faut point les luy reprocher, ni par des paroles, ni par de certains gestes de la teste, ni par de certains détours d'yeux, comme ont accoustumé de faire les gens qui disent que dans le mensonge il y a ie ne sçay quoy d'amer qu'ils ne peuuent souffrir. Certes ce n'est pas ce qu'il y a d'amertume dans le mensonge qui leur fait peine, c'est l'aigreur de leur naturel grossier & rustique, qui fait qu'ils ne sçauroient rien supporter, & que tout les choque, & c'est cette mesme aigreur qui les rend insupportables dans toutes sortes de compagnies. C'est encore vne mauuaise coustume de rompre en visiere à vn homme, & de luy couper les paroles à la bouche, cela nous fait le mesme dépit que si l'on nous retenoit tout d'vn coup, lors que nous nous sommes élancez pour courir auec impetuosité.

Si quelqu'vn parle, il ne faut point détourner ailleurs l'attention de ceux qui l'écoutent, ou en leur monstrant quelque chose de nouueau, ou par quelque autre adresse, car c'est en quelque façon vouloir imposer silence à ceux que la compagnie écoute fauorablement. Au contraire on doit estre attentif, afin de n'estre pas obligé de faire repeter de temps en temps. Car il n'y a rien qui nous semble si fâcheux, que de nous obliger d'interrompre la suitte de nostre discours, pour nous faire recommencer ce que nous auions déja dit. Il n'y a personne qui ne trouue cela aussi mauuais que si l'on mettoit des pierres dans son chemin pour le faire broncher. Enfin tout ce qui peut arrester, ou détourner le cours des paroles de celuy qui est écouté par la compagnie est desagreable. S'il parle lentement, il ne faut point courir au deuant de ce qu'il veut dire, & luy prester vos paroles comme si vous en auiez abondance, & qu'il en manquast. Plusieurs personnes croyent que c'est leur faire affront, particulierement ceux qui se piquent de bien parler, parce qu'il leur semble que vous n'estes pas persuadé de leur eloquence, puis que vous voulez leur prester des paroles. Ils font comme ces Marchands qui se figurent que c'est leur faire affront que de leur offrir de l'argent, comme si on les prenoit pour des gens qui eussent besoin de la bourse d'autruy ; & sçachez que la pluspart des hommes croyent bien parler, quoy qu'ils disent le contraire par modestie. Ie n'en connois pas la cause, mais ie sçay bien, que les plus ignorans sont d'ordinaire ceux qui parlent dauantage. Ceux qui veulent passer pour ciuils doiuent éuiter ce grand babil, sur tout s'ils sçauent peu de chose, parce que l'on fait d'ordinaire beaucoup de fautes en parlant beaucoup, & parce qu'il semble que celuy qui parle, exerce ie ne sçay quel empire sur ceux qui l'écoutent, comme vn

Maiſtre ſur ſes écoliers, c'eſt agir indiſcretement que de s'attribuer cette ſuperiorité. Neantmoins ce defaut eſt commun, non ſeulement à des particuliers, mais il y a des nations entieres ſi babillardes & ſi importunes, que c'eſt vn ſupplice de les écouter.

Deceux qui parlét peu. Il eſt vray que ceux qui parlent trop peu, tombent dans vne autre extremité fort haïſſable, car enfin ſe taire touſiours quand les autres parlent tour à tour, c'eſt en quelque façon ne vouloir pas payer ſa part de l'écot, & parce que nos paroles découurent nos ſentimens, & nous font connoiſtre aſſurement, cette obſtination à ne rien dire, eſt vne marque que nous voulons cacher nos penſées, & que nous ne voulons pas eſtre connus. Et comme les nations qui

dans la conuersation. 145
qui ont de couſtume de boire beaucoup, & de s'enyurer aux iours de réjouïſſance, chaſſent ceux qui ne veulent pas eſtre camarades de leurs débauches : ainſi ces muets ſont mal receus dans les compagnies, où l'on ne cherche que la ioye, & le diuertiſſement. C'eſt donc vn grand auantage de ſçauoir ſe taire, & de ſçauoir parler quand on veut, & quãd il eſt neceſſaire.

On raconte vne vieille hiſtoire d'vn excellent Sculpteur qui veſcut dans la Morée, il eſtoit ſi grand Maiſtre dans ſon Art qu'il fut appellé Policlete ou l'illuſtre Sculpteur. Ce bon homme eſtant déja chargé d'années fit vn petit Traité, dans lequel il enferma tous les preceptes de ſon Art, comme vn homme qui les ſçauoit parfaitement bien. Il enſeignoit de quelle façon il

G

falloit mesurer separement les parties du corps humain, & quel rapport elles deuoiẽt auoir entre elles, afin qu'elles fussent proportionnées. Il appella ce petit volume la Regle, voulant dire que les statuës qui seroient faites par d'autres Maistres deuoient estre reglées sur son liure de la mesme sorte que les poutres, les pierres, les murs sont mesurez auec vne certaine regle. Mais comme la pluspart des hommes, principalement les artisans ne sont pas capables de receuoir des enseignemens generaux, parce qu'ayant les sens meilleurs que le jugement, ils conçoiuent plustost les choses particulieres, & les exemples, que les raisonnemens, & les idées vniuerselles : quoy qu'il soit plus aisé de donner des preceptes que de les mettre en vsage, cet excellent Sculpteur pour monstrer son adresse prit vn fin marbre, & par vn long trauail en forma vne statuë extrémement reguliere, où ses preceptes estoient exactement obseruez, & luy donna le nom de Regle aussi-bien qu'à son Liure: Ie souhaiterois auoir pû faire en partie l'vne des deux choses que cet excellent ouurier fit si adroitement, c'est à dire auoir ramassé dans ce petit Traité toutes les mesures, ou plustost tous les preceptes de l'Art que ie vous enseigne; car pour la seconde regle ie desespere d'en pouuoir venir à bout, de pouuoir executer tous ces preceptes, d'en faire comme vn exemple visible, & vne statuë materielle; parce qu'il ne suffit pas d'auoir la regle, & la science de ces choses qui consistent dans les actions,

& dans les couſtumes. Il faut pour les mettre en execution en auoir l'vſage, qui ne ſe peut acquerir que par vne longue ſuite d'années, que ma vieilleſſe me deffend d'eſperer. Encore voyõs nous peu de gens qui s'auancent beaucoup dans cet Art, & qui s'approchent de la perfection. Mais quoy qu'il en ſoit, vous ne deuez pas auoir moins de croyance à ces preceptes, puis qu'on peut fort bien enſeigner vn chemin dans lequel on s'eſt égaré : peut-eſtre meſme que celuy qui s'y eſt égaré a plus fait de reflexion, a mieux retenu les faux ſentiers, & les lieux douteux, que non pas ceux qui ont touſiours marché dans le droit chemin. Que ſi dans mes plus tendres années, pendant que mon eſprit eſtoit encore maniable, ceux qui prenoient

Qu'il faut vaincre de bonne heure ſes inclinations.

soin de mon education, auoient sceu ployer mes inclinations, quoy que peut-estre elles fussent vn peu rudes, & grossieres, s'ils auoient sceu les amolir, & les polir, ils m'auroient inspiré cette ciuilité, & cet Art de plaire que ie tâche de vous apprendre, à vous, dis-ie, qui ne me deuez pas estre moins cher que si vous estiez mon enfant. En effet, quoy que les forces de la nature soient assez grandes, neantmoins elle est assez souuent vaincuë & corrigée par l'vsage: Mais il faut commencer de bonne heure, & ne pas attendre qu'elle se soit fortifiée, & qu'elle ait pris vn pouuoir trop absolu. C'est ce que la pluspart des hommes ne font pas, au contraire leurs mauuaises inclinations les ayant égarez, ils la suiuent sans contrainte, & de

G iij

quelque costé qu'elle les tourne, ils croyent tousiours obeïr à la nature. Comme si la raison n'estoit pas vne chose naturelle aux hommes; ou plustost comme si elle n'estoit pas vne Maistresse absoluë qui a le pouuoir de changer les inclinations corrompuës, & de soustenir la nature quand elle panche : Mais le plus souuent nous ne l'écoutons pas, & nous nous rendons semblables à ces animaux ausquels la prouidence n'a point fait part de cette lumiere, & sur qui nostre raison a pourtant encore quelque pouuoir. Ne voyons nous pas que les cheuaux qui naturellement seroient sauuages, sont rendus doux, & traitables par leurs Maistres ? Ne voyons nous pas qu'on les dresse, & qu'on les rend en quelque façon plus sçauans ? Car enfin

De la force de la raison.

on leur fait changer de pas ; on leur apprend à marcher doucement, à s'arrester, à courir, à tourner, à sauter. Que si les chevaux, les chiens, les oiseaux, & d'autres sortes de bestes encore plus farouches se soûmettent à la raison de l'homme, luy obeïssent, & apprennent ce que leur nature ne leur enseignoit pas, & mesmes des choses ausquelles elle avoit quelque repugnance ; si, dis-je, nostre raison leur donne des habitudes qui sont, s'il faut ainsi dire, plus prudentes, & plus vertueuses que n'estoient celles de la nature, quelles esperances ne devons nous pas avoir des enseignemens que cette mesme raison nous donne ? quelle force n'auroient-ils pas sur nous si nous les écoutions : Mais nos sens ausquels nous donnons trop de pouuoir, aiment, & souhaitent vn plaisir present quel qu'il puisse estre, ils s'éloignent tousiours de ce qui leur paroist fâcheux, ils fuyent la raison, parce qu'elle n'est pas accompagnée de ces plaisirs, qui nuisent d'ordinaire à ceux qui s'y attachent ; & elle leur semble penible, parce qu'elle leur apporte vn bien solide, mais vn bien qui demande du trauail, & qui a de l'amertume pour des gousts déprauez. Pendant que nous nous laissons charmer par les sens, nous sommes semblables à ces pauures malades, qui croyent que toute la nourriture qu'on leur donne est amere, ou salée, quoy qu'elle soit douce, & delicate ; ils se plaignent du Cuisinier, quoy qu'il n'ait fait aucune faute, & ne prennent pas garde que l'amertume qu'ils

sentent est sur leur langue, &
non pas dans les viandes. Ainsi
la raison qui est si douce nous
paroist amere, mais cette amertume est dans nous-mesmes, &
non point dans la raison. Nous
pensons auoir trouué vne bonne excuse à nostre bassesse, & à
nostre lascheté, quand nous
disons que comme il n'y a
point d'aiguillon pour exciter la nature, ainsi il n'y a point
de frein qui la puisse retenir.
Certainement si les plus stupides de toutes les bestes pou-
uoient se faire entendre, ie croy
qu'elles ne pourroient rien dire
de plus grossier, ni de plus dé-
raisonnable : Ne serions-nous
pas des enfans quand l'âge nous
a meuris, & mesme dans l'ex-
treme vieillesse ? ne badinerions
nous pas auec des cheueux
blancs, comme nous faisons

dans nos plus tendres années, si la raison qui croist auec l'âge, estant dans toute son étenduë ne nous rendoit hommes, & ne nous tiroit d'vn estat fort semblable à celuy des bestes? Il est certain qu'elle a beaucoup de pouuoir sur la volonté, & sur les sens, & si nostre vie, & nos habitudes sont dereglées, c'est nostre faute, & non pas la faute de la raison. Il n'est donc pas vray que la nature n'ait point de Maistre qui la puisse corriger, ni de frein qui la puisse retenir: Au contraire, on peut dire qu'elle en a deux, qui sont l'habitude, & la raison. Mais comme je vous ay déja dit, la raison ne peut pas metamorphoser vn homme fort grossier, en vn homme fort ciuil sans l'habitude, qui demande quelque longueur, & qui est vn enfant du

Des habitudes.

temps. C'eſt pourquoy il faut commencer de bonne-heure à l'écouter, non ſeulement parce que l'homme peut employer plus de temps à ſe former ſur ſes ſentimens, à ſe familiariſer auec elle, & à deuenir comme ſon domeſtique. Mais auſſi parce que les ieunes gens n'ayant encore receu aucune teinture, reçoiuent mieux ſes premieres impreſſions, & enfin parce que les choſes auſquelles on s'accouſtume d'abord paroiſſent plus agreables. C'eſt pour cette raiſon que Deodat illuſtre Poëte vouloit touſiours eſtre le premier à reciter ſa piece; car quoy qu'on ne deuſt pas auoir beaucoup d'eſtime, pour ce que les autres auroient dit auant luy, neantmoins, il ne vouloit pas que ſa voix trouuaſt l'oreille des Auditeurs accouſtumée à vn autre

son, encore qu'il fuſt plus mauuais que le ſien.

Or puis que ie ne puis imiter entierement cet excellent Sculpteur, dont les ouurages ſeruoient de regle auſſi-bien que les enſeignemens ; puis que ie ne puis former mes actions ſur mes preceptes, qu'il me ſuffiſe d'auoir dit en partie ce qui peut rendre vn homme ciuil. Mais s'il eſt vray que les tenebres font en quelque façon connoiſtre la lumiere, & que le ſilence nous découure la nature du ſon, ainſi en conſiderant mes actions baſſes, & groſſieres, on pourra iuger en quoy conſiſte la beauté des habitudes agreables, qui ſont le ſujet de ce petit Traité que ie vais bien-toſt finir.

Diſons donc encore vne fois que les façons de faire agreables, ſont celles qui donnent du plaisir, ou du moins qui ne donnent aucun ennuy, qui ne choquent, ni les sens, ni l'imagination. Iusques icy nous nous sommes entretenus de ces sortes d'actions. Mais il faut encore sçauoir que les hommes aiment naturellement la proportion, la grace, & la beauté, & qu'au contraire ils haïssent les choses laides, contre-faites, ou difformes. C'est vn priuilege particulier à l'homme de connoistre la beauté, & la mesure, les autres animaux ne la connoissent point : Nous deuons donc regarder la beauté & la proportion comme des biens, qui nous sont propres, & qui ne sont point communs aux bestes : C'est pourquoy nous les deuons estimer dauantage, & ils nous doiuent estre d'autant plus chers qu'ils portent comme vn caractere de la nature humaine, & qu'ils ne peuuent estre connus que par les hommes. Quoy qu'il soit bien difficile de dire ce que c'est que la beauté, neantmoins pour vous en donner vne grossiere connoissance, il faut que vous sçachiez que la beauté est vne proportion des parties entre elles, & de chaque partie auec le tout : Ainsi les choses où cette proportion se rencontre peuuent estre appellées belles. I'ay quelquefois ouy dire à vn sçauant homme, que la beauté approche autant qu'elle peut de l'vnité, & que la laideur s'en éloigne. Si vous regardez le visage d'vne belle fille, vous verrez qu'il n'a de la beauté que parce que toutes ses parties, & tous ses traits semblent n'auoir esté faits que pour vn seul visage. Il n'en

De la beauté.

dans la conuersation. 159
est pas de mesme de la laideur. Vne personne laide aura peut-estre deux gros yeux qui luy sortiront hors de la teste, vn nez extrémement petit, deux grosses joües, vne bouche platte, le menton auancé, & le tein brun. Enfin on diroit que ce sont les parties de plusieurs visages, ou que c'est vn composé de pieces rapportées. Il se trouue mesme des femmes qui ont chaque partie regardée à part, fort belle : mais l'vnion de toutes ces parties fait vn composé laid & des-agreable : la veritable raison de cette laideur, est qu'il semble que toutes ces parties ont esté faites pour plusieurs personnes, & non pas pour vne seule, & l'on diroit qu'elle les auroit empruntées aux vnes, & aux autres. Peut-estre que ce peintre qui pour re-

presenter vne belle Venus, voulut voir les filles de Calabre toutes nuës, ne faisoit autre chose, que de reconnoistre en toutes ces filles les diuerses parties, qui auoient plus de proportion entr'elles, & qui sembloient comme auoir esté empruntées d'vn mesme corps, & les ayant assemblées dans son portrait, il s'imagina que la beauté de Venus pour estre parfaite deuoit ainsi estre vne.

Ne vous figurez pas que cette vnité soit seulement necessaire dans le visage, dans les membres, & dans le corps. Il faut mesme qu'elle se trouue dans les actions, & dans la conuersation. Par exemple si vous voyez vne Dame bien parée lauer du linge à vne fontaine publique, quoy que d'ailleurs elle vous fust indifferente, neantmoins elle vous déplairoit entant qu'elle s'éloigneroit de l'vnité, car elle auroit la façon d'vne femme noble, & feroit les actions d'vne feruante. Et quoy qu'elle ne vous euſt rien fait fentir, rien goûter de des-agreable, que fa voix ni fa couleur ne choquaſſent ni vos oreilles, ni vos yeux, & enfin qu'elle n'euſt rien qui peuſt vous rebuter, ne vous déplairoit elle pas, ſeulement à cauſe que ſes actions n'ont aucun rapport auec ſes ajuſtemens & auec ſa condition? Il faut donc euiter ces ſortes d'actions, & ces manieres dereglées, & diſproportionnées, auec autant, ou meſme auec plus de ſoin que les fautes que ie vous ay marquées iuſques icy; parce que comme elles choquent l'entendement, elles ſont moins ſenſibles, elles nous échappẽt plus aiſémẽt, & ſont plus difficiles à remarquer, que celles qui choquēt les sens, dautāt que le sentiment se fait auec plus de facilité, que la connoissance. Ce n'est pas pourtant que ce qui est desagreable aux sens, ne le soit aussi quelquefois à l'entendement : Mais non pas pour la mesme raison, comme ie vous ay déja dit, quand ie vous ay monstré qu'on doit suiure la mode dans les habits, qu'on se doit vestir comme les autres, afin qu'il ne paroisse pas qu'on veuille reprēdre tout le monde, & s'opposer à la multitude. De cette façon les vestemens extraordinaires choquent la pluspart du monde qui aime à estre loüé, & imité. Mais ils choquent aussi l'entendement des personnes sages, parce que les habits qu'on portoit il y a cent ans, ne seroient pas propres aux personnes de ce siecle, nous voyons mesmes

De l'vnité des actiōs.

que ceux qui s'habillent à la fripperie, sont tousiours vestus d'vne maniere ridicule, leurs habits sont si disproportionnés, & s'accordent si mal, qu'il semble qu'il y ait guerre entre le haut de chausse, & le pourpoint. Ainsi la pluspart des fautes que nous auons remarquées cy-deuant se pourroient encore repeter icy, parce qu'elles consistent en des actions qui pechent contre cette vnité, & cette proportion qui est maintenant le sujet de nostre discours : Car enfin ces sortes de fautes sont desagreables, & sont proprement des fautes, parce qu'on n'y a point fait accorder le temps, le lieu, l'action, & la personne comme on deuoit faire, si l'on vouloit qu'elles fussent agreables. Mais i'ay voulu partager ce Traité en deux parties qui apprennent ; L'vne à euiter les actions qui peuuent offenser les sens, & l'autre à fuïr les actions qui peuuent blesser les desirs, & ie n'ay point voulu parler des actions en tant qu'elles touchent l'entendement ; parce que sentir, & souhaiter sont deux choses fort aisées à faire à la plus-part du monde : Mais toutes sortes de personnes ne peuuent pas connoistre, principalement ces choses que nous appellons beauté, gentillesse, ou proportion. Ainsi la connoissance est quelque chose de plus mal-aisé, & de plus rare que le sentiment. L'homme ne se doit donc pas contenter de faire de bonnes choses, il doit tâcher de les faire auec agréement, & l'agréement est ie ne sçay quel éclat, & ie ne sçay quelle lumiere qui naist de la proportion & du rapport que les choses bien assorties, & bien accordées ont les vnes auec les autres ; sans cette mesure, & sans cette proportion le bon n'est point beau, & la beauté n'est point agreable. De la mesme sorte que les viandes quoy que saines ne plairoient pas si elles estoient insipides, ou qu'elles eussent vn mauuais goust : Ainsi quoy que nos coustumes n'ayent rien de mauuais, rien de nuisible en elles, neantmoins elles paroissent fades & ameres, si elles ne sont assaisonnées d'vne certaine donceur, que nous appellons grace, & agréement. Et mesme c'est pour cette raison que les vices déplaisent, car comme ils ont beaucoup de laideur, & de disproportion, il faut necessairement qu'ils donnent du degoût, & mesme de l'horreur à des esprits bien tour-

De l'agréement.

nez. C'est pourquoy ceux qui se veulent rendre agreables par la conuersation doiuent euiter toutes sortes de vices, principalement les vices qui ont plus de difformité, & de laideur, comme l'auarice, la cruauté, la sale débauche, & quelques autres; desquels les vns sont bas comme l'yurongerie, & la gourmandise; les autres sales comme la débauche des femmes; les autres abominables comme l'homicide, ainsi du reste. Chaque vice de soy-mesme est hay de la pluspart des hommes, l'vn plus, & l'autre moins. Mais parce qu'en general ils ne consistent que dans le desordre, & dans le dereglement, ils rendent la compagnie, & la societé des vicieux des-agreable.

Ie n'ay pas entrepris de vous monstrer les pechez des hommes, ce Traité ne doit parler que des fautes de la conuerſation, ainſi ie ne dois pas vous entretenir maintenant de la nature des vices, & des vertus, ie veux me contenter de parler de ces manieres d'agir dont nous nous ſeruons dans le monde qui ſont agreables, ou des-agreables. La mauuaiſe habitude du Comte Richard dont ie vous ay fait l'hiſtoire eſtoit vne de ces manieres des-agreables, & parce qu'elle eſtoit difforme, & qu'elle n'auoit aucune proportion auec ſes autres actions, elle fut bien-toſt reconnuë par cet illuſtre Eueſque; de la meſme ſorte qu'vn excellent Muſicien remarque aiſement vne voix diſcordante entre pluſieurs autres.

Il faut donc qu'vn homme poly & galant ait égard à cette

mesure, à cette proportion, lors qu'il marche, lors qu'il s'arreste, lors qu'il est assis: il faut qu'il y ait égard dans ses gestes, dans son port, dans ses vestemens, dans ses paroles, dans son silence, dans son repos, & dans son action. Ainsi les hommes ne doiuent point auoir les mesmes affeteries, & les mesmes ornemens que les femmes, afin que la personne & les ajustemens n'ayent rien de discordant, comme i'en voy quelques-vns qui prennent la peine de se boucler les cheueux & la barbe, auec vn fer chaud, qui se frottent, & se fardent tellement le visage, la bouche, & les mains que ce fard seroit non seulement mal seant à des femmes ordinaires, mais mesmes à ces coquettes qui vendent leur beauté, & qui la parent dauantage que les

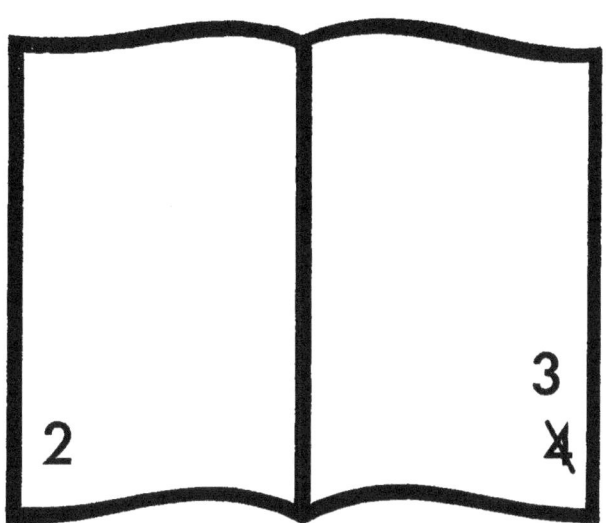

les autres, pour en auoir pluſtoſt le debit. On ne doit ſentir ni bon ni mauuais, car vn honneſte homme ne doit pas ſentir comme vn faquin, ni auoir de ces odeurs recherchées comme les Courtiſanes, ou les coquettes. Ce n'eſt pourtant pas qu'à voſtre âge vous ne puiſſiez vous ſeruir de ces eaux odoriferantes diſtilées, ſi l'vſage le permet.

Dans vos habits il faut ſuiure la couſtume de ceux de voſtre âge, & de voſtre condition, pour les raiſons que ie vous ay deſia dites : Car ce n'eſt point à nous à changer la mode ſelon noſtre caprice, comme il n'y a que le temps qui la faſſe naiſtre, il eſt le ſeul qui ait le droit de la détruire. Il eſt vray qu'on peut s'approprier la mode, & la corriger en quelque façon : par exemple ſi vous auez les jam-

Des habits.

H

bes fort longues, & qu'on porte des robbes courtes, vous pourrez faire faire la vostre en sorte qu'elle soit des plus longues ; Et si vous auez les iambes trop deliées, ou d'vne grosseur extraordinaire, ou trop courtes, vous ne douez point auoir de bas d'vne couleur trop éclatante, afin de n'exciter pas le monde à regarder vostre defaut. Vos habits ne doiuent point estre trop superbes ni ajustez auec trop de soin, & trop d'exactitude, car vous passeriez pour efféminé. Mais de quelque étoffe qu'ils soient il faut qu'ils vous viennent bien, & qu'ils paroissent auoir esté faits pour vous, autrement il sembleroit que vous les eussiez empruntez. Mais sur tout souuenez vous de vous vestir selon vostre condition, car il n'y a rien de plus ridicule qu'vn homme d'Eglise habillé comme vn soldat, ou vn soldat habillé comme vn basteleur.

Castruccio Duc de Lucque, & de Pistoye, estant allé à Rome pour appaiser quelque sedition, qui auoit esté excitée contre le Lieutenant de l'Empereur, fut fait Senateur de Rome, & receut auec grand pompe ce titre, & les honneurs que le peuple Romain luy fit, & par galanterie, ou par vanité, il se fit faire vne casaque de brocard cramoisy, au deuant de laquelle il fit mettre cette deuise en lettres d'or. *Il est comme il plaist à Dieu,* sur les épaules & au derriere de la casaque il y fit écrire, *Il sera comme il plaira à Dieu.* Ne vous semble-t-il pas que cette casaque estoit plus propre au trompette de Castruccio qu'à luy-mesme ? Quoy que les Souuerains ne recohnoissent aucunes loix, neantmoins ils ne peuuent en quelque façon s'exempter de celles de l'vsage. Ie ne sçaurois loüer le Roy Manfroy de ce qu'il vouloit estre tousiours habillé d'vn drap vert. Nos habits ne doiuent donc pas seulement estre bien-faits sur nous-mesmes, & auoir du rapport auec nostre condition, mais aussi ils doiuent estre faits à la mode du païs où nous sommes. De la mesme sorte que le trafic & le commerce est étably par tout quoy qu'il y ait differentes mesures dans differents païs; Ainsi on peut estre habillé proprement par tout, quoy que l'vsage change selon les diuerses contrées. Les plumes, les broderies superbes & pompeuses, que les gens de Cour ont coustume de porter, les armes & les costes d'émail que portent les gens de guerre ne s'accommoderoient pas bien auec de longues robbes des gens du Palais, & auec les habits de la bourgeoisie. Tellement que ce qui seroit agreable dans Verone seroit insupportable à Venise, car tous ces ornemens, ces plumes, & ces armes paroistroient dans vne ville si bien policée, si pleine de douceur, & de paix, comme des orties, & des épines entre les herbes douces & domestiques des iardins: des gens parez de cette sorte seroient si differents des autres, qu'asseurement ils seroient mal receus dans la pluspart des compagnies.

Vn honneste homme ne doit point conrir par les ruës, & cet empressement n'est bon qu'à des lacquais, ou à des

De la maniere de marcher.

palfreniers, & non pas à des Gentils-hommes. D'ailleurs, il n'est pas fort seant de se mettre hors d'haleine : on ne doit pas aussi marcher si lentement, ni auec tant de retenuë qu'vne femme, ou vne épousée. Il y en a qui marchent auec vne certaine action affectée, & vne agitation trop grande qui est fort des-agreable; d'autres ont les bras pendans, & les iettent de costé, & d'autre comme s'ils vouloient semer; Quelques-vns en marchant regardent le monde si fixement, qu'il semble qu'ils y considerēt quelque chose d'étonnāt & d'extraordinaire; Quelques-vns leuent les iambes en haut comme vn cheual qui auroit peur; on diroit qu'ils veulent tousiours tirer leurs iambes d'vn boisseau; D'autres frappent du pied si fort contre terre qu'ils font presque autant de bruit qu'vn cheual de carrosse ? Quelques-vns jettent vn pied en dehors; d'autres brandissent la iambe; D'autres s'arrestent à chaque pas, & se baissent pour raccommoder leurs chausses ou leurs canons; D'autres enfin, pour auoir la demarche plus fiere secoüent la iambe, donnent vn certain branle à leur corps, & se cartent continuellement.

Toutes ces façons de faire déplaisent, parce qu'elles sont affectées, & mal-seantes. Si vous auiez vn cheual qui eust touiours la bouche ouuerte, & qui tirast touhours la langue, quoy que ce defaut ne diminuast rien de sa bonté, neantmoins il en seroit moins prisé si vous le vouliez vendre, parce qu'il en seroit moins beau, & moins agreable. Que si la beauté, & l'agréement a son prix, non seulement dans les animaux, mais aussi dans les choses qui n'ont point de vie, & de sentiment, comme nous voyons tous les iours deux maisons egalement bonnes auoir differents prix, si l'vne est bastie auec plus de symetrie que l'autre : Si, dis-ie, la beauté est desirée dãs les choses les plus basses, combien à plus forte raison est elle estimable dans les hommes.

Il est fort mal-seant de se gratter quand on est assis à table : on ne doit aussi cracher ; si l'on est contraint de le faire, il faut que ce soit d'vne façon propre qui ne dégoûte personne. I'ay ouy dire qu'il y auoit des nations si sobres qu'elles ne crachoient iamais : Pourquoy donc ne pourrions nous pas nous en empescher pendant vn petit espace de temps ? Nous deuons aussi

dans la conuerſation.

prendre garde de ne pas manger auec tant d'empreſſement, que cela nous faſſe venir le hocquet, ou nous faſſe faire quelque autre action des-agreable, comme il arriue à ceux qui mangent auec trop de precipitation, ils ſe mettent hors d'haleine, & ſoufflent en ſorte que toute la compagnie en eſt incommodée. Ce ſont des actions mal-ſeantes de ſe nettoyer les dents auec ſa ſeruiette, ou de ſe les gratter auec les ongles. On ne doit pas auſſi ſe lauer la bouche, & rejetter le vin deuant la compagnie, cela ſe doit faire en particulier. C'eſt vne mauuaiſe couſtume, que d'emporter en ſe leuant de la table ſon cure-dent dans ſa bouche, comme vn oiſeau qui va faire ſon nid, porte des feſtus. C'eſt vne action mal-ſeante de s'accouder ſur la table. On ne doit pas s'emplir tellement la bouche de viande que les deux joües en paroissent enflées. Enfin on ne doit faire aucune action qui témoigne qu'on ait pris plaisir à boire, & à manger, car ce sont des actions d'yuroignes & de bouchons de cabarets. Il me semble que ce n'est point vne coustume loüable de presser les personnes, qui sont à table, de manger, leur dire qu'ils ne trouuent point les viandes bonnes, qu'ils n'ont point d'appetit, qu'ils ne goûtent de rien. Les forcer en quelque façon de goûter de diuers plats. Neantmoins la pluspart des personnes le font d'ordinaire. Mais quoy que ce soit qu'afin de témoigner le soin qu'ils prennent de celuy qu'ils ont inuité, cette ciuilité est importune, & est cause qu'on en mange auec moins de liberté, cela mesmes peut faire confusion à quelques-vns, qui se figurent qu'on les considere & qu'on examine leurs actions.

Ie croy qu'on ne doit pas presenter des viandes qui sont sur la table à ceux qui les ont deuant eux, à moins que ce ne soit à des personnes de moindre condition, & que ce leur soit en quelque façon honneur de receuoir de la main de celuy qui presente. Mais entre personnes égales, il semble que celuy qui donne vueille prẽdre le dessus: quelquesfois mesme on presente des morceaux qui ne plaisent pas à ceux qui les reçoiuent. D'ailleurs, ces sortes de presens font paroistre qu'il n'y a pas de mets en abondance sur la table, ou qu'ils sont mal partagez. Ainsi le Maistre de la maison s'en pourroit choquer. Neantmoins en ces sortes de choses il faut se laisser entraisner par la multitude, & manquer plustost auec les autres, que de bien faire seul. Mais quoy qu'il en soit, vous ne deuez iamais refuser ce qu'on vous presente, car il semble que ce soit mépriser celuy qui vous le donne, ou luy reprocher qu'il n'a pas bien choisi. Inuiter les autres de boire, & de faire raison, c'est vne coustume étrangere qui n'est pas assez bien établie pour la faire passer pour vne loy. Quand quelqu'vn vous veut attaquer auec des santez, vous pouuez le remercier, vous confesser vaincu, ou goûter seulement le vin par ciuilité, sans en boire beaucoup. Ce n'est pas que ces sortes de défis ne soient fort anciens, i'ay ouy dire à des personnes sçauantes que les Grecs auoient *dans la conuerfation.* 179

cette couſtume, & qu'on auoit extrémement loüé Socrate, parce qu'il beut toute vne nuit auec Ariſtophane à qui boiroit le mieux, & qu'enſuite il auoit fait vne demonſtration exacte d'vn probleme de Geometrie, faiſant par là connoiſtre que le vin n'auoit point ſurpris ſa raiſon. Meſme quelques-vns aſſurent que de la meſme ſorte, que ceux qui s'expoſent ſouuent au peril de la mort en deuiennent plus hardis, & plus intrepides ; Ainſi ceux qui ſe hazardent quelquesfois entre les perils des vices, & des mauuaiſes habitudes en deuiennent plus ciuils, & plus temperez, parce, diſet-ils, que dans ces ſortes de défis, & de combats on éprouue ſes forces, & ſa fermeté, on s'accouſtume à reſiſter aux plus fortes attaques des vices, & à les vaincre. Mais pour vous *De l'yurogne-rie.*

dire la verité, ces raisons me paroissent assez foibles, & ne m'empescheront point de croire qu'il ne faut point se hazarder dans ces sortes de combats. Il arriue souuent que les gens de lettres, pour faire monstre de leur erudition, parent le mensonge des couleurs de la verité, Il ne faut pas leur adjouster foy en ces sortes de choses. Il se peut bien faire aussi que ceux qui ont fait l'éloge de cette sorte de débauche vouloient cacher, ou excuser les defauts de leur nation corrompuë. Ils n'ignoroient pas qu'il estoit dangereux de la reprendre, ils sçauoient ce qui estoit arriué à Socrate, ils craignoient peut-estre le mesme destin : Car parce que Philosophe reprenoit les vices d'vn chacun auec trop de liberté, il ne peust éuiter la calomnie de ses ennemis qui l'ac-

dans la conversation. 181
cuserent d'impieté, d'Atheisme, & d'autres crimes enormes, & le firent condamner à mort, quoy qu'il fust innocent, que ce fust vn homme de bien, & qu'il eust tousiours adoré les Dieux de son païs. Mais certainement il ne merite pas beaucoup de gloire pour s'estre remply de vin pendant toute vne nuit, vn muid en auroit encore enfermé dauantage que son corps, & s'il ne s'enyura point, ce fut plustost l'effet de la force d'vne bonne teste, que de la continence d'vn hõme reglé. Et quoy qu'en content les vieilles Croniques, ie rends graces à Dieu de ce que parmy to° les vices, & toute la corruptiõ, qui nous a esté apportée d'au delà des monts, cette mauuaise habitude de faire non seulement vn jeu de l'yurognerie, mais encore d'auoir de l'estime pour cette

Il faut remarquer qu'il parle de l'Italie.

bassesse ne soit point venuë iusques à nous. Pour moy ie ne sçaurois me persuader que l'yurognerie soit vne école de vertu, & que le vin soit vn bon Maistre de temperance.

Vn Maistre d'Hostel ne doit pas inuiter personne de manger à la table de son Maistre, Vn homme sage n'ira pas s'asseoir à la table sur la simple priere, il y a quelquesfois des valets assez imprudents, & assez glorieux pour se donner des libertez qui ne leur appartiennent pas. I'ay plustost mis cecy par hazard que suiuant l'ordre que i'ay étably dans le commencement. Personne ne se doit dépoüiller, & principalement se déchausser dans vn lieu, où il y sura vne honneste compagnie, ce sont des actions qui se doiuent faire en particulier, & il pour-

dans la conuersation.

roit arriuer qu'en se des-habillant feroit plus voir qu'on ne voudroit, ce qui donneroit quelque sorte de confusion à la compagnie, aussi-bien qu'à celuy qui se des-habilleroit.

Il me semble qu'on ne deuroit point se peigner, ni qu'on ne doit point se lauer les mains deuant le monde, ce sont des choses qu'il faut faire dans sa chambre, & non pas en compagnie. Neantmoins quand on se va mettre à table, il faut lauer les mains en presence des autres, quand mesme on n'en auroit pas besoin : afin que ceux auec qui on met les mains dans le plat, ne puissent douter si elles sont nettes. On ne doit point paroistre auec son bonnet de nuit, ni attacher ses chausses en presence du monde. Il y en a quelques-vns qui ont accoustumé de se tordre les yeux & la bouche à chaque moment, de s'enfler les jouës, & de faire mille sortes de grimaces, c'est vne fort vilaine habitude. On dit que la Deesse Pallas prit plaisir quelques temps à jouër de la Cornemuse, elle y estoit devenuë fort sçauante: mais il arriua que jouant vn iour sur le bord d'vne fontaine, elle se vit dans l'eau, & s'apperceut de la grimace qu'elle faisoit en jouant. Elle en eut si grande confusion qu'elle jetta aussi-tost la cornemuse. Sans mentir elle fit fort bien, car ce n'est point vn instrument qui soit fort seant entre les mains d'vne femme. Vn honneste homme mesme ne doit pas s'y amuser, il n'est propre qu'à des gens de la plus basse condition qui en font vn mestier, & qui en retirent quelque argent. Ce que i'ay dit des actions laides du visage, se peut dire des actions de toutes les autres parties du corps. Il est tres malseant, par exemple de tirer la langue, de manier trop souuent sa barbe, comme plusieurs ont coustume de faire. il ne faut point aussi se frotter les mains l'vne contre l'autre, jetter des soupirs & faire de grandes exclamations; ni trembler d'vne certaine façon à reuenir à soy comme vne personne qui rappelle ses sens, ni s'étendre en s'éueillant, & faire de grands helas, comme vn coquin qui a dormy sur la paille. On ne doit point faire de bruit auec la bouche pour marque d'admiration, ou de mépris; cette action & ce bruit representente quelque chose de laid. Il faut prendre garde de ne pas rire d'vne certaine façon, sotte, niaise, ou difforme, & de ne rire pas par habitude, mais seulement par necessité. Vous ne deuez pas aussi rire de vos bons mots, car c'est approuuer vous-mesme ce que vous auez dit. En effet, c'est à ceux qui écoutent à rire, & non pas à ceux qui parlent. Ne vous figurez pas que parce que toutes ces choses prises separément ne sont que de petits defauts, leur assemblage ne soit pas vn defaut fort considerable. L'vnion de plusieurs petites fautes en compose, & en fait naistre vne extrémement grande, comme ie vous ay dit dans le commencement, & plus ces fautes sont petites, & plus il y faut prendre garde de prés, parce qu'on a peine à les distinguer, elles se coulent auec l'vsage sans qu'on les puisse apperceuoir, & comme les petites dépenses qui se font fort souuent consument tout le reuenu sans qu'il y paroisse, ainsi ces petites fautes gastent par leur nombre, & par leur multitude toute la bonne opinion qu'on pourroit auoir de vous. Il faut donc non seulement auoir égard à ces sortes de choses, mais il faut aussi prendre garde quelle posture on prend, ou de quelle façon on se remuë, principalement quand on parle : parce qu'il arriue assez souuent qu'on est tellement occupé de ce qu'on doit dire, qu'on ne fait pas reflexion sur les gestes. Les vns branlent la teste; les autres iettent les yeux de costé, & d'autre; les autres éleuent les sourcils iusques au milieu du front; On diroit que les autres voudroient les abbaisser iusques au menton; Il y en a quelques-vns qui tordent la bouche; d'autres crachent au visage de ceux qu'ils entretiennent: Il s'en trouue qui remüent les mains si fortement, qu'on diroit qu'ils veulent chasser les mouches qui sont autour d'eux. Ces façons de faire ostent vne certaine grace & vn certain agréement, qui doit accompagner toutes nos actions, c'est peut-estre de cet agréement qu'a voulu parler Pindare, car cōme ie me suis souuét entretenu auec des personnes lettres, ie leur ay ouy raconter que ce Poëte, qui estoit vn fort galant homme, auoit coustume de dire que toutes les choses qui ont vne saueur douce, charmante, & agreable, ont esté apprestées par les mains des Graces. Maintenant que dirons nous de ceux qui sortent du cabinet, & entrét dans les compagnies auec la plume sur l'oreille; de ceux qui portent leur mouchoir dans leur bouche ; de ceux qui se mettent vne des iambes sur la table ; de ceux qui se crachẽt sur les doigts; & d'vne infinité d'autres actions des-agreables qu'on ne peut pas representer toutes ensemble ? Pour moy ie n'ay pas dessein de le tenter, il se pourra mesme faire que quelques-vns trouueront que la pluspart de celles que i'ay ramassées dans ce volume ne sont pas fort necessaires.

FIN.

REMARQVES.

VOICY les endroits où i'ay esté le moins fidelle, & les raisons bonnes ou mauuaises, qui m'ont obligé d'en vser de cette sorte.

Premierement le titre de l'original est *de Costumi*, à traduire à la lettre, i'aurois deû mettre des *Coustumes*, ou plustost *des Mœurs* : mais comme ni l'vn ni l'autre ne répondent pas tout à fait iuste à l'Italien, i'ay mieux aimé le changer : & voyant que la pluspart des preceptes de ce traitté estoient pour la conuersation, i'ay cru que l'*Art de plaire dans la conuersation* estoit le meilleur titre qu'on luy peust donner.

P. 2. *Con salute del' anima*

tua. Quoy qu'il semble qu'il ait voulu dire, *auec le salut de vostre âme.* Neantmoins comme dans tout le Galatée il ne parle nullement des matieres de conscience, qu'il ne traitte des vertus & des vices qu'en passant, i'ay cru qu'il vouloit pluftost dire vous viurez auec feureté : parce que les Italiens fe vangent quelquefois cruellement d'vne inciuilité. Mais parce qu'en France ce n'est point nostre coustume d'assommer les gens quand ils ne nous faluent pas, i'ay mieux aymé traduire *vous viurez auec bonneur.*

P. 15. Quand il parle de la maistresse de Bocace, l'Italien dit. *Come ella couaua la cenenc, fedendo fi in fu le calcagna, & testina, & ispazana farfalloni.* I'ay cru qu'vne traduction à la lettre representeroit vn obiet trop dégouſtant. C'eſt pourquoy i'ay mis ſeulement en general, combien elle eſtoit mal propre quand elle eſtoit ſoule.

P. 21. *Et ſe talbora hauerai poſto à ſcaldare pera d'intorno*, &c. l'ay retranché ce precepte où il auertit de ne point ſouffler des poires qu'on auroit mis cuire au feu. I'en euſſe encore retranché quelques autres que ie croyois peu vtiles auſſi bien que celuy-cy ; Si ce n'eſt que ie craignois de m'éloigner trop de mon original.

P. 32. *Scarpetta* ſignifie ſouliers : mais i'ay mieux aymé traduire *habits*.

P. 36. *Currado*. Voyez la 64. nouuelle de Bocace.

P. 46. Apres ces mots, *ni de meditation*, i'ay obmis vne comparaiſon tirée de la 14. nouuelle de Bocace, parce qu'elle n'eſtoit pas fort neceſſaire.

P. 48. *Aſſai leggier cauſa ſia di medicar lo con la moſtarda forte ; ò porlo in alcun luogo al fumo.* Cela veut dire mot à mot qu'on y pourra facilement remedier, auec de la moutarde forte ; ou en ſe mettant dans vn lieu où il y ait de la fumée. I'ay cru que ie ne deuois point deſcendre iuſques dans ces particularitez, & que c'eſtoit aſſez de traduire qu'il pouuoit s'exciter des latmes par diuerſes ſortes de moyens.

P. 56. Qui portent des habits tout couuerts de paſſemens, &c. l'Italien dit *hanno d'intorno al collo tante collane d'oro, & tante anella in dito, & tanti ormagli in capello.* Cela veut dire, ils ont tant de chaines d'or au col, tant de bagues aux doigts, tant de fermoirs à leurs chapeaux : mais comme ces ornemens ne sont plus à la mode, j'ay changé cét endroit comme vous verrez dans la page 56.

P. 96. *O con parole come fece messèr foresè da Rabbata della sotterre di Maestro Giotto videndosi.* J'ay laissé cette comparaison, qui est tirée de la soixante cinquiéme nouuelle de Bocace, parce que j'ay cru qu'elle ne feroit qu'embarasser la suite du discours, & j'ay seulement mis comme font quelques-vns.

J'en ay vsé de la mesme sorte en la page 101. Car apres ces mots : il y a des personnes si seueres qu'on ne doit iamais railler auec elles, l'Italien adiouste vne comparaison où il y a trois ou quatre noms propres de suite, qui n'eussent fait que de l'embaras.

P. 102. Lauretta est vne des Dames qui parlent dans le Decameron de Bocace. Voyez la nouuelle 63. Ie croy aussi que dans la page 105. il entend parler de Dioneo qui est vn des personnages que Bocace introduit dans son Decameron.

P. 104. *accio che non auenga loro quello, che auenne al caualiero di ma donna Horetta.* I'ay traduit de peur de s'eriger eux mesmes en ridicules, parce que la comparaison du Caualier de M. Horetta est dans la page 110.

P. 105. dans l'Italien il y a plusieurs comparaisons des railleries basses & d'allusions grossieres, que ie n'ay point traduites, parce qu'elles ne sont point à nostre vsage, & qu'elles ne font pas le mesme ieu en nostre Langue qu'en Italien.

P. 108. *O che alcuno forte graſſo & naticuto danzi ô Salti Spogliato in farsetto.* Cela veut dire qu'on se figure voir quelqu'vn gros & gras, qui estant dépoüillé en calçons danse & saute. Afin de rendre la comparaison plus sensible, i'ay traduit *quelque gros ruſtre noyé dans sa graiſſe qui veut danser sur la corde.*

Dans la page 112. & 113. Vous y trouuerez quelque chose de changé: & vne comparaison tirée de la 8. nouuelle de Bocace obmise, parce que i'ay cru qu'au lieu de contribuer à rendre plus clair le precepte qu'il donne, elle ne seruoit qu'à le rendre plus obscur.

Ie ne feray point de remarques particulieres des choses que i'ay retranchées ou adjouſtées, dans les endroits où le Galatée trai-

I iiij

te de quelle maniere on doit parler, & où il donne des preceptes pour euiter les equiuoques, & les paroles peu honneftes. Ie diray feulement en general, qu'à l'égard des equiuoques ie ne pouuois pas traduire les exemples qu'il en donne: ce qui fait equiuoque dans vne Langue, fouuent ne le fait pas dans l'autre. C'eſt pourquoy quand on veut dire la mefme chofe, il faut de neceffité fe feruir d'autres exēples, & qui voudroit eſtre trop fidelle dans les paroles, feroit infidelle dans le fens. I'ay donc adiouſté la page 117. & 118. pour expliquer en general les equiuoques qui fe font en noſtre Langue. Ceux qui voudront en eſtre inſtruits plus à fond, peuuent voir dans les Remarques de M. de Vaugelas les Chapitres de la netteté du ſtile & des equiuoques : ou le Chap. 9 du 7. Liure. Et le 2. du 8. des Institutions de Quintilien. A l'égard des paroles qui sont honnestes ou qui ne le sont pas, ie n'ay pas voulu traduire de certains exemples qui sont dans l'Italien, ni en donner d'autres, i'ay cru qu'il ne falloit point trop particulariser ces sortes de choses, de peur de tomber dans les mesmes défauts que l'on veut marquer aux autres.

P. 176. I'ay retranché vn precepte dans lequel il avertit que c'est vne mauuaise coustume, de porter son curedent sur l'oreille ou pendu à son cou : ie l'ay trouué si inutile que quoy que ie l'eusse traduit, ie ne l'ay point voulu faire imprimer.

P. 169. Ie n'ay pas traduit à la lettre ce que Monsieur de la Case a dit de Castruccio, i'ay plus tost suiui ceux qui ont écrit sa vie, elle a quelque chose de fort singulier, & deût-on m'accuser de vouloir grossir cét ouurage, ie ne puis m'empêcher de vous en faire l'Abregé.

Vie de Castruccio Castracani.

Les parens de Castruccio sont inconnus, car ayant esté exposé dans vne vigne, il y fut trouué par la sœur d'Antonio Castracani, Chanoine de Lucques, qui le fit éleuer, & qui le destinoit pour estre son Successeur : mais dés qu'il eut atteint l'âge de 14. ans, il témoigna qu'il n'auoit inclination que pour les armes.

Messer Francisco Guigini vn des Chefs du party des Gibelins estoit pour lors à Lucques. Ce Gentilhomme voyoit souuent

Castruccio à la teste de plusieurs ieunes gens, dont il paroissoit le Capitaine, il apprit qui il estoit, comment il auoit esté trouué, & se persuadant que la fortune le reseruoit pour quelque chose de grand, il le demanda à Messer Antonio ; ce Chanoine qui ne pouuoit domter l'inclination que Castruccio auoit pour les armes, ne fut pas fasché de le donner à Guigini, lequel prit tant de soin de l'education de Castruccio, qu'en peu de temps il deuint vn des plus adroits, des mieux faits, & des plus ciuils Caualiers de Lucques.

Les Gibelins ayant esté chassez de Pauie par les Guelfes, Guigini fut enuoyé à leur secours. Castruccio qui n'auoit encore que 18.ans l'accompagna dans cette Guerre, & y acquit la reputation d'vn homme vaillant sage & prudent, en sorte que son nom cōmença d'estre en grande estime, & dans Pavie & dans toute la Lombardie.

Peu de temps apres qu'ils furent de retour à Lucques, Guigini devint extrémement malade, il n'avoit qu'vn enfant nommé Pagolo, qui n'estoit âgé que de 13. ans, il voulut en confier la tutelle à Castruccio, auquel il dit en mourant, qu'il l'avoit éleué avec autant de soin que s'il avoit esté son enfant, que puisqu'il ne pouuoit pas luy en témoigner ses ressentimens, il les témoignast à son fils Pagolo.

Apres la mort de Guigini sa reputation & sa puissance s'augmenterent tellement, qu'elles luy attirerent l'envie des principaux de Lucques. Messer Georgio d'Opizi, Chef du parti des Guelfes croyant que Castruccio estoit le seul dans Lucques qui pouuoit contrebalancer sa puissance, se resolut de le perdre. Il tâchoit peu à peu de diminuer son credit: mais Castruccio s'apperceut bien-tost des desseins d'Opizi & se resolut de le preuenir.

Vguccione estoit pour lors Seigneur de l'Isle, & il y auoit dans cette Ville plusieurs Bannis de Lucques, lesquels estoient tous du parti des Gibelins. Castruccio apres auoir fait sa brigue dans Lucques, se ioint auec Vguccione, dans le dessein de remettre les bannis, il luy aide à forcer les portes pendant la nuit, Vguccione se rend maistre de la ville, tuë Opizi & tous ceux de sa maison, remet les bannis dans Lucques, chasse plus de cent familles de Guelfes, & change tout le Gouuernement. Les Florentins qui apprirent bien-tost ce changement, crurent que le parti des Gibelins deuenoit trop puissant dans la Toscane, & resolus de remettre dans Lucques les Guelfes que l'on en auoit bannis, vinrent auec vne grosse Armée iusques au Val de Nieuole. Vguccione de son costé leua des troupes & marcha contre eux. Leurs armées estoient proches & quasi en estat de se donner bataille, lorsque Vguccione tombant malade fut obligé de se retirer, & de laisser à Castruccio, qui estoit son Lieutenant, le commandement de l'armée. Les Florentins s'imaginerent que les ennemis estoient sans chef, & deuinrent d'autant plus insolens que Castruccio pour augmenter leur cõfiance feignoit de n'oser combattre, ils luy presenterent plusieurs fois la bataille, il la refusa toûjours: mais enfin voyant que la confiance de ses ennemis auoit mis du desordre dans leurs troupes, il accepte le combat, les deffait, en tuë plus de dix mille, entre lesquels il y auoit plusieurs personnes de marque.

Cette victoire donna grande reputation à Castruccio, à son entrée dans Lucques le peuple luy témoigna tant d'affection, que l'Vguccione en eut ialousie, & crut que pour s'asseurer de la Seigneurie de cette ville, il estoit necessaire de se defaire de luy: mais il n'osoit l'entreprendre sans quelque pretexte La fortune luy en fit bien-tost naistre. Vn homme de condition de Lucques ayant esté tué, le meurtrier

poursuiuy par des Archers s'en-
fuit chez Castruccio, & s'é-
chappe par son moyen. Vguccione qui estoit pour lors à Pise
croyant que sous pretexte de pu-
nir Castruccio, il auoit occasiõ de
se défaire d'vn riual, écrit à son
fils Neri, auquel il auoit donné
la Seigneurie de Lucques, d'arrester Castruccio & de le faire
mourir. Neri obeït en partie, il
le fait arrester : mais de crainte
d'exciter vne sedition il n'ose le
faire tuër, & il enuoye seulement
vn Courier à son pere pour luy
demander conseil. Vguccione
apres auoir blasmé la timidité &
la lenteur de son fils part de Pise,
auec 400. cheuaux pour s'en aller à Lucques. Ceux de Pise qui
estoient fort mécontens de son
Gouuernement, ne le virent pas
plûtost sorty qu'ils se reuoltent,
tuent son Lieutenant, & tous

ceux de son party. Il n'estoit qu'à moitié chemin de Lucques lors qu'il apprit cette nouuelle, elle ne l'empécha pas de continuer sa route, il crut mesmes qu'il estoit necessaire qu'il allast à Lucques, de peur que l'exemple de Pise n'y causast quelque desordre. En effet le bruit de la reuolte de Pise s'y estant répandu, le Bourgeois s'assemble, se mutine, court aux armes, & dés que Vguccione arriue, le contraint de donner la liberté à Castruccio, qui en mesme temps assemble ses amis, se met à la teste du peuple qu'il trouue armé, pousse Vguccione & ses troupes, les met en fuite, & parce que ce malheureux n'auoit plus de retraitte à Pise, il alla passer miserablement le reste de ses jours en Lombardie. Cependant le peuple qui ne donne point de bornes à ses faueurs non plus qu'à sa vengeance, declare Castruccio Capitaine de Lucques, lequel apres auoir conquis quelques petites Places, ses amis, & sa reputation s'augmentant tous les iours, la faueur du peuple continuant, il se fait enfin declarer Duc de Lucques.

Quelque temps apres Loüis de Bauiere vint à Rome pour se faire inuestir de l'Empire, Castruccio l'alla trouuer auec 400. cheuaux, l'Empereur le considera fort, luy donna la Seigneurie de Pise, & le fit son Lieutenant en Toscane.

L'Empereur s'en estant retourné en Allemagne, les Gibelins bannis de plusieurs villes de Toscane se retiroient auprés de Castruccio, & tous luy promettoient la Seigneurie de leurs villes], s'il les y pouuoit faire rentrer. Il songeoit par leur moyen & auec les forces de se rendre maistre de toute la Toscane. Les Florentins estant allé au secours de ceux de Plaisance qui attaquoient le Prince de Milan, Castruccio entre dans leur païs, s'empare de Fucechio de San Muniato, & y auroit fait vn furieux degast, si vne sedition qui s'estoit excitée dans Lucques ne l'auoit contraint d'y reuenir. Son Lieutenant auoit esté tué, & la famille des Poggio auoit tâché de faire souleuer le peuple. A son arriuée il trouue toutes choses tranquiles, & punit neantmoins les Chefs de la sedition. Cette rebellion luy fit connoistre que sa Principauté n'estoit pas si bien affermie comme il se le figuroit. Pour s'aſſurer donc mieux de Lucques il fait tréve auec les Florentins, & pendant le temps de cette tréve il fit baſtir vne forteresse dans Lucques, & ſous diuers pretextes ſe défit des plus mutins: meſmes par vne preuoyance vltramontaine il bannit, ou fit mourir ceux dont il auoit le moindre ſoupçon, & leſquels à cauſe de leurs richeſſes, ou de leur authorité luy donnoient de l'ombrage.

Mais non ſeulement il employoit le repos que luy donnoit la tréve à affermir la Soueraineté de Lucques, il ſongeoit encore à s'emparer de Piſtoye. Cette ville eſtoit partagée en deux différentes factions, les Blancs, & les Noirs : Iacobo de Gia eſtoit chef des Blancs; & Baſtiano de Poſſente Chef des Noirs, l'vn & l'autre deman-

Remarques

doient du secours à Castruccio, en cas qu'ils en vinssent aux armes, comme leurs Negotiations estoient secretes, il leur en promettoit à tous deux. Les vns & les autres pour faire entrer le secours qu'ils esperoient s'éparent d'vne porte de la ville. Les Blancs se fortifient à la porte Lucquoise; les Noirs à la porte Florentine, & enuoyent secrettement vers Castruccio. Il leur tint parole, il alla en personne trouuer Iacobo, & enuoya Pagolo son Lieutenant à Bastiano, ils arriuerent sur le minuit, furent receus comme amis, & à vn certain signe que Castruccio auoit donné à Pagolo, l'vn & l'autre tuërent les Chefs & les Principaux du party des Blancs & des Noirs, & se rendirent maistres de la ville. Afin d'assurer sa Conqueste il caresse le peuple, diminuë les impos, en sorte que le Bourgeois considerant d'ailleurs ses grandes vertus, le laissa iouïr paisiblement de sa Conqueste & crut trouuer en luy plustost vn liberateur qu'vn Tyran.

Neantmoins quelque temps apres ayant esté obligé de faire vn voyage à Rome, les Florentins qui auoient trouué fort mauuais que pendant la trêve il se fust emparé de Pistoye, chercherent les moyens de la faire reuolter. Le nouueau changement qui estoit arriué dans cette ville, & l'absence de Castruccio leur firent iuger que cette entreprise ne seroit pas difficile. Il y auoit à Florence quelques bannis de Pistoye qui auoient encore des amys dans leur ville, par leur moyen ils donnerent entrée aux Florentins, lesquels se rendirent maiſtres de Piſtoye, & chaſſerent ceux du parti des Gibelins. Cette nouuelle fut auſſi-toſt portée à Rome : Caſtruccio part au meſme temps, amaſſe douze mille hommes, & va attendre les Florentins proche le Chaſteau de Serauale, & quoy que ſes ennemis euſſent 40000. hommes, leur ayant donné bataille en des détroits, où la multitude n'apportoit que de la confuſion, il les défit entierement. Dés que ceux de Piſtoye entendirent parler de ſa victoire, ils chaſſerent tous ceux du parti des Guelfes, & luy enuoyerent les clefs de leur ville.

Les Florentins que cette perte auoit abbatus, deſeſperans quaſi de pouuoir conſeruer leur liberté, ſe donnerent à Robert Roy de Naples, demanderent du ſecours à tous les Guelfes d'Italie, & firent vn si grand effort qu'ils remirent encore sur pied vne armée de 40000. hommes. S'estant donc mis en campagne dans le commencement du mois de May 1318. ils prirent Lastra, Signia, & quelques autres petites places, & resolurent d'attaquer Pise.

Castruccio ne s'étonna point d'vn si grand armement, & crut que la fortune luy alloit faire naistre l'occasion de s'emparer de la Toscane. Il enuoye 5000. hommes dans Pise, sous la conduite de Pagolo Guigini, & auecque 20000. Fantassins, & quatre mil Cheuaux, il s'en va à Fucechio qui est vn Chasteau situé entre la Gusciane & l'Arne. Les Florentins balancerent s'ils iroient à Pise, ou s'ils attaqueroient Castruccio, l'vn & l'autre estoit tres-dangereux: Car d'aller d'aller à Pise, ils auroient eu affaire en mesme temps aux troupes de Castruccio, & à celles qui estoient dans la ville: D'vn autre costé, pour attaquer Castruccio il falloit passer l'Arne, & s'exposer à soustenir les ennemis pendant le passage. Les eaux estoient pour lors tres-basses, le fleuue estoit gayable; Et Castruccio pour les attirer dauantage, & leur donner plus de confiance, auoit retiré ses troupes de dessus le bord du fleuue, & les auoit logées proche de Fucechio: Les Florentins ayant donc trouué ce parti moins dãgereux, & s'estant preparez pour la bataille, commencerent le 10. Iuin à faire passer leur Caualerie, & dix mille de leur Infanterie. Castruccio, qui estoit toûjours prest à les receuoir, enuoye mille fantaſſins au deſſus de l'endroit où ils paſſoient, & mille au deſſous, & auec 5000. hômes d'Infanterie & 3000. de Caualerie, il attaque ceux qui paſſoient. Il n'y en auoit encore qu'vne partie hors de l'eau qu'il eſtoit déja aux mains auec eux, la berge ſe trouua vn peu difficile, les ſoldats appeſantis de l'eau qui eſtoit entrée dans leurs habits auoient peine à prendre terre. D'ailleurs, vne partie des cheuaux eſtant paſſez auoient gaſté le terrein, enſorte que les autres demeurerent embourbez, les autres ſe renuerſerent ſur leurs Maiſtres, ce qui cauſa vn furieux deſordre. Les Chefs Florentins, voyant la peine que leurs troupes auoient à paſſer dans ce lieu, les firent monter plus haut, où le gué eſtoit facile : Mais les troupes

que Castruccio y auoit en-
uoyées s'opposerent vigoureu-
sement à leur passage. Cependant le choc estoit terrible
entre ceux des Florentins qui
estoient passez & les troupes
de Castruccio ; Ceux-cy tâchoient de repousser les Florentins dans le fleuue : Les Florentins au contraire tâchoient d'a-
uancer pour donner lieu à leurs
troupes de passer, & les vns &
autres se battoient vigoureuse-
ment : Enfin, Castruccio voyant
que ses soldats estoient fort las
aussi-bien que les ennemis,
qu'il y en auoit plusieurs de
morts & de blessez dans l'vn &
dans l'autre party, fit auancer
5000. hommes, & fit ouurir
ceux qui estoient desia lassez du
combat ; en sorte qu'vne partie
se retira sur la main droite &
l'autre sur la main gauche. Ce

changement fit que les Florentins gagnerent du terrain, &
donna lieu à quelques-vns des
leurs de passer : Mais comme ils
estoient desia harassez, & qu'ils
auoient affaire auec des soldats
frais, ils furent bien-tost re-
poussez iusques au fleuue. Dés
que Castruccio vit l'Infanterie
des Florentins rompuë, il en-
noya le reste de ses troupes au
secours de sa Caualerie, laquelle
estant moindre en nombre que
celle des ennemis, auoit eu
ordre de soustenir seulement
leur effort : Mais dés qu'elle fut
secouruë par l'Infanterie, elle
mit bien-tost en fuite la Caualerie Florentine. La victoire fut
grande, & apporta beaucoup
de gloire à Castruccio ; les Florentins y perdirent plus de
20000. hommes, outre plu-
sieurs prisonniers de marque,

& c'estoit là comme le dernier effort de leur party, car ils auoient mandié l'assistance de tous leurs alliez; En sorte qu'apres cette bataille, Castruccio auroit pû esperer d'estre en peu de temps Maistre de toute la Toscane, si la mort ne s'estoit point opposée à ses desseins. Mais apres la bataille estant encore tout couuert de sueur, il s'alla seoir sur vne des portes de Fuccechio, pour receuoir ceux qui reuenoient de la bataille, & donner les ordres necessaires pour penser les blessez, & là il estoit exposé à vn vent fort mal-sain, lequel enuiron l'heure de midy se leue d'ordinaire sur l'Arne. La nuit mesme il fut pris d'vne fiévre, qui s'augmentant tous les iours, fut enfin jugée mortelle. Comme il connut qu'il ne pouuoit pas viure long-temps, il fit venir Pagolo, & luy parla en ces termes. Ie n'ay iamais oublié les obligations que i'ay à voſtre pere, c'eſt à luy que ie dois ma fortune, c'eſt luy qui m'a mis l'épée à la main, c'eſt luy qui m'a mis en eſtat d'acquerir quelque gloire & enfin pour comble de bien-faits, ce fut luy qui en mourant me confia, & vos biens & voſtre perſonne. Ie ne me reproche point d'en auoir mal vſé, i'ay touſiours eu pour vous tout le ſoin & toute l'amitié qu'vn pere doit auoir pour vn enfant, ie n'ay point voulu me marier, afin de vous laiſſer non ſeulement les biens que l'on m'a confiez, mais encore ceux que la fortune & mon épée m'ont acquis ; & de peur auſſi que des enfans que j'aurois eu ne vous dérobaſſent vne partie de mon amitié, & ne m'empeschassent en quelque sorte, de vous témoigner la gratitude & la reconnoissance des biens-faits que i'ay receus de vostre pere. Ie vous laisse vn Estat assez grand: mais peu tranquille. Lucques ne sera iamais contente d'estre sous vostre empire; le peuple de Pise est changeant & infidelle; Pistoye est remplie de factions, & est encore irritée des nouuelles iniures qu'elle a receuës de nous. Les Florentins qui vont estre bien réjouïs de ma mort sont à craindre : Mais seruez-vous de la victoire que nous venons de remporter, pour faire auec eux vn traité qui vous soit auantageux. Comme leur haine estoit l'accroissement de ma puissance & de ma gloire, leur amitié sera vostre sûreté : Car si ie ne me trompe, voſtre eſprit eſt plus propre à gouuerner pendant la paix, que pendant la guerre. Au reſte, n'ayez confiance ni en l'Empereur, ni aux Princes de Milan, ils ſont éloignez, ils ſont lents, & leur ſecours vient ordinairement quand on n'en a plus que faire: N'ayez confiance qu'en vous-meſme, qu'en voſtre addreſſe, & en la reputation que les victoires que nous auons remportées donneront à vos armes. Si j'auois crû que la Prouidence euſt ſi-toſt tranché le cours de mes ans, ie vous aurois laiſſé vn plus petit Eſtat, mais plus tranquille & plus aſſuré : Ie me ſerois contenté de Lucques & de Piſe, ie n'aurois point voulu conquerir Piſtoye, & j'aurois tâché de vous laiſſer l'amitié des Florentins. Mais pendant que la fortune se declare pour nous, nous pensons toûjours à pousser plus loin nos conquestes, & croyons que nostre reputation est suffisante de les affermir, & nous ne songeons pas qu'vne mort impreueuë détruit tous nos desseins. Apres cela, il luy recommanda ses amis, & ses soldats ; & fit venir les principaux de Lucques qui estoient dans son Armée, leur fit jurer fidelité à Pagolo, & peu de temps apres il mourut âgé seulement de 44. ans. Castruccio estoit de la plus haute taille, il auoit les yeux brillans, le visage beau, l'air agreable, & vne façon d'agir carressante, & l'art de contenter tout le monde. Ses cheueux tiroient sur le roux, il alloit la teste nuë aussi-bien en Hyuer qu'en Esté, Il estoit agreable à ses amis, terrible à ses ennemis, juste à ses sujets, infidelle aux Estrangers, quand la fraude luy pouuoit donner la victoire, il la preferoit à la force, & auoit accoustumé de dire que c'estoit la victoire, & non pas la maniere de vaincre qui donnoit de la gloire. Il entroit hardiment dans le peril, il estoit intrepide au milieu des dangers, & fin pour s'en retirer ; il disoit souuent qu'on deuoit tenter toutes choses, ne s'étonner de rien, que Dieu aymoit les ames fortes & hardies.

Extrait du Priuilege du Roy.

PAr Grace & Priuilege du Roy, donné à Paris le 17. Ianuier 1666, Signé, P A r y : Il est permis au sieur Duhamel l'vn des Ausmoniers de sa Majesté, de faire imprimer par tel Libraire ou Imprimeur qu'il voudra, vn Liure qu'il a traduit d'Italien en François, intitulé *Le Galatée de Monsieur de la Case*, & ce, pendant le temps & espace de sept années consecutiues, à compter du iour que ledit Liure sera imprimé, auec deffenses à toutes personnes de quelque qualité & condition qu'elles soient, d'imprimer ou faire imprimer ledit Liure, sans le consentement dudit Exposant, ou de ceux qui auront droit de luy, à peine de deux mil liures d'amende, & de tous dépens, dommages & interests, ainsi qu'il est plus amplement porté par ledit Priuilege.

Et ledit sieur Duhamel, a cedé sondit Priuilege à René Guignard, Marchand Libraire à Paris, pour en jouïr suiuant l'accord fait entr'eux.

Registré sur le Liure de la Communauté des Marchands Libraires & Maistres Imprimeurs, le 26. Feurier 1666. suiuant l'Arrest de la Cour de Parlement du 8. Auril 1653. Signé, PIGET, Syndic.

Acheué d'imprimer le premier Mars 1666.

Les Exemplaires ont esté fournis.

Fautes à corriger.

Page 2. ligne 16. paraiſtre, *liſez* paroiſtre. p. 7. l. 16. nous, *liſ.* vous. p. 11. p. 16. agreables, *liſ.* agreable. p. 16. l. 2. oiſeaux, *liſ.* ciſeaux. p. 18. à la fin, en cas neceſſité, *liſ.* en cas de neceſſité. p. 43. l. 14. aument, *liſ.* aiment. p. 46. à la marge, des entretiens, *ajouſté* à contre-temps. p. 87. l. 9. oſtez que c'eſt. pag. 105. l. 9. n'entend, *liſ.* n'attend. p. 112. l. 14. Gatranuole, *liſ.* Gattůole. p. 114. l. 19. que les, *liſ.* que dans les. p. 118. de peindre, ſe doit mettré à la ligne. p. 116. l. 2. ſeruiteur, *liſ.* le ſeruiteur. p. 118. l. 4. Rethorique, *liſ.* Retorique. lig. 9. c'eſt ce que, *liſ.* c'eſt que. p. 174. l. 15. doit auſſi, *liſ.* doit pas auſſi.

www.ingramcontent.com/pod-product-compliance
Lightning Source LLC
Chambersburg PA
CBHW050655170426
43200CB00008B/1299